중국영화 이야기

차례
Contents

징검다리 : 우리가 보았던 중국영화들

칼과 바둑의 세계 : 후진취안의 「충렬도」

홍콩 무협영화의 거장 후진취안[胡金銓]은 1932년 베이징에서 태어나 1949년 사회주의 중국이 수립되던 해에 홍콩으로 이주했다. 1950년, 그는 무대 디자인 조수로 영화계에 입문했고, 그 뒤 시나리오 작가와 배우를 겸업하다가, 1958년 쇼 브라더스[邵氏兄弟]에 들어가 배우 겸 조감독으로 활동했다. 그러다 1964년에 그는 「대지아녀 大地兒女」로 감독에 데뷔한다. 이후 1996년에 「화공혈루사 華工血淚史」라는 영화를 만들기 위해 준비하던 중 타이베이[台北]에서 심장수술을 받은 직후 사망, 로스앤젤레스에 그 육신을 누이기까지 자신의 이름으로 모두 14편의 영화를 만들었다. 「충렬도 忠烈圖」(1975)는 그의 이름을 걸고 만든 여덟 번째 영화였다.

비록 단순하기는 하지만 상대적으로 탄탄한 서사구조로 이루어진 이야기는 '충(忠)'과 '열(烈)'자를 쓴 제목에서 이미 풍기는 분위기처럼 조국의 아름다운 산하와 그 땅에 사는 백성들을 지켜야 한다는 신념에 관한 영화이다. '충성(忠誠)'과 '열의(烈義)'라는 가치가 강조되고, 그 가치를 지키기 위하여 화려한 액션이 동원된다. 외계인의 침략 앞에서 전지구인들이 일치단결하여 막무가내로 '우리 편'이 되고 말았던 할리우드 블록버스터들을 생각해 보면, 적어도 이 영화를 보는 중국인들 또한 왜구라는 적 앞에서 일치단결하여 쉽게 '같은 편'이 될 수 있었을 것이다. 그러나 영화를 보는 중국인들은 그 아름다운 산하의 주인공들이 아니었다. 그들은 그 산하로부터 잉태되었으나 왜구가 아닌 서구의 한 섬나라에게 자신의 땅을 내주고, 그 아름다운 산하와 차단된 채 살아가는 정체 불명의 홍콩인들이었던 것이다. 베이징에서 태어나 1949년에 홍콩으로 이주한 감독은 어쩌면 그 아름다운 산하에 대한 그리움을 그렇게 토해내고 있었는지도 모른다.

영화에서, 조국의 산하를 지키기 위한 이들의 싸움은 생사의 냉전구도로 흘러간다. 그리하여 그들의 무술세계는 흑과 백, 승과 패가 존재하는 바둑의 세계로 치환된다. 그들의 무술은 때로는 일대(對)일 구도로, 때로는 일대다 구도로, 때로는 다대다 구도를 이루는데, 이 역시 바둑의 세계와 닮아 있다.

뭇 액션영화가 그러하듯 싸우는 도중 위험에 처하는 자가 발생하고, '우리 편' 가운데에서도 부상을 입거나 심지어 죽는 자가 생긴다. 그러면 주인공은 더욱 악이 받쳐 정의의 이름으로 끝내 악의 무리들을 무찌르고야 만다. 그러나 이 영화에서는 마지막 장면에서, '절대' 죽지 않으리라고 믿었던 우지위안[伍繼園]을 비롯한 주인공들이 적들과 더불어 모두 죽어버리고 만다. 주인공의 죽음과 더불어 결코 해피엔딩이라고는 볼 수 없는 마지막 장면은 생사의 냉전적 세계를 받아들이지 못하는 감독에 의해 만들어진, 현실감을 드높이는 장치일 수도 있을 뿐더러, "의로운 일을 하다가 죽을 수도 있다"는 메시지이자 "조국의 산하를 찾는 일에는 희생이 뒤따르고 그 희생이 나의 몫일 수도 있다"는 메시지이기도 하다. 아울러 주인공의 죽음을 통하여 그 흔한 할리우드의 식상한 공식을 일찌감치 초월하는 놀라움을 선사하는 것이기도 하다. 그 마지막 시퀀스는 왜구의 수장 하카다[博多]와 우지위안과의 대결로 장식되는데 카메라의 빠른 회전과 짧게 끊어내는 편집으로 전편의 클라이맥스를 창출해낸다.

무술의 세계는 칼을 쓰는 세계이다. 칼은 평온할 때에는 길게 수직으로 존재하지만, 그것이 사용되는 시점에는 수평으로 위치 이동한다. 인간이 수직으로 존재하고 산하의 나무들도 수직으로 존재한다. 그들이 가지고 있는 본래적 실존을 두 동강 내는 것이 칼의 쓰임이자 무술의 실존적 의미이다. 수평적으로 움직이는 바둑판이야 둥글둥글하여 판을 갈아엎으면 그만이지만, 칼의 세계는 길고 뾰족하여 다시 원상을 회복할 수 없다. 그러므로 다시 무술의 세계는 바둑의 세계와 치환될 수 없다. 그것은 복기가 가능하지 않으므로. 따라서 무술의 세계를 통해 칼을 쓰려고 하는 자들, 인간과 자연의 '본래적 그러함'에 반기를 드는 자들은, 그들이 비록 '충렬'이라는 가치를 등에 업고 있다 할지라도 결국에는 그 칼에 망하고야 말 것이다. '충'과 '열'이라는 가치조차도 이미 상대화되어버린, '본래적 그러함'을 잃어버린 인위적 가치가 아니었던가.

사족 하나 영화가 갖는 매우 독특한 점은 중국적 예술 양식들이 녹아 있다는 사실이다. 그의 다른 영화 「천하제일 天下第一」(1982)만큼은 아니지만, 이 영화 역시 강창(講唱) 혹은 거기서 유래하여 송대(宋代) 이후 백화소설(白話小說)에 정착된 양식이 쓰이고 있다. 영화의 시작과 끝에 등장하는 해설을 그 근거로 삼을 수 있겠는데, 후진취안의 영화 더 나아가서 홍콩영화가 중국의 문예 전통을 계승하고 있음을 보여주는 실례 가운데 하나라고 할 수 있을 것이다.

우리 시대의 영웅은 누구인가 : 우위썬의 「영웅본색」

> "너는 신이 있다고 믿어?"
> "믿어. 내가 바로 신이야. 신도 사람이지. 자신의 운명을
>   잡는 사람이 바로 신이야."

홍콩영화에 누아르(noir)라는 새로운 장르를 개척했다는 평가를 받는 우위썬[吳宇森]은 1946년 중국 광저우[廣州]에서 태어났고, 1951년 홍콩으로 이주한 뒤 독학으로 영화를 공부했다. 그는 「홀로 움직이는 킬러 獨行殺手」(1967)로 감독에 데뷔했고, 「영웅본색 英雄本色」(1986)을 통해 이름을 얻었다.

우위썬의 「영웅본색」은 누구나 쉽게 눈치 챌 수 있는 것처럼 의리와 배신에 관한 영화이다. 비록 만나고 헤어짐에 있어 우연성이 엿보이고, 감독 자신의 영화 이력을 말해주듯 액션뿐만 아니라 코미디까지 드문드문 엇섞여 있고, 아무리 총알을 맞아도 건재하다가 때맞춰 죽어가는 주연들이 선보이는 비현실적 상황들이 있지만, 액션이라는 장르 자체를 이해하고 들어간다면, 그런 요소들조차 모두 만화적 상상력의 차용이라고 너그럽게 봐줄 수도 있을 일이다. 더 과장하자면 어떤 이는 수없이 오가는 총알 자체가 서로 간의 대화를 상징적으로 표현하는 것이라는 풀이까지도 내놓는다.

우위썬 특유의 슬로우 모션과 교차 편집이 돋보이는 곳곳의 장면들은 아제[阿杰]와 아하오[阿豪] 사이의 갈등과 결별을 탁월하게 그려내는 영화적 기법으로 자리잡았다. 아직 비둘기가 날아오르지는 않지만, 우위썬은 의리와 배신에 관한 이야기를 칼과 도포자락 그리고 숲 속이 아니라, 총과 코트 그리고 도시의 뒷골목으로 풀어내고 있다. 그리고 그 의리와 배신에 관한 이야기는 어느덧 선과 악에 관한 이야기로 치환된다. 영화 속 선악의 가치는 현실 속 선악의 가치와 전도되고, 스크린은 현실을 위배한다.

기업형 위조지폐 밀조 조직(갱단)의 일원인 아하오와 그의 절친한 친구 샤오마[小馬], 그리고 그 둘의 부하였다가 아하오가 감옥살이를 하는 동안 그들을 배신하고 조직을 장악하는 아청, 아하오를 잡아야만 승진을 통해 자아실현을 할 수 있는 아하오의 동생이자 경찰관인 아제를 중심으로 이야기는 펼쳐진다. 영화가 중반쯤 접어들면 아하오와 아제 사이의 갈등이 시작되고, 그때까지 마음의 균형을 잡고 있던 관객들은 둘 사이에서 급격하게 균형을 잃고 친구와의 의리 그리고 혈육(동생)과의 의리를 지키기 위해 필사적으로 노력하는 아하오에게로 감정 이입된다. 그런데 그 감정 이입의 가치가 현실 속의 경찰 조직과 범죄 조직으로 대변되는 선/악의 구도를 뒤바꿔놓는 것이다. 그리고 그 뒤바뀐 선/악의 구도를 지탱하게 해주는 힘은 의리/배신이라는 고전적 가치이다. 우위썬의 영화는 내내 일종의 극대화된 남성성을 전면에 내세우는데, 사실 그 남성성의 이면에는 혈육이라든가 의리라든가 하는 전통적 가치들이 유유히 흐른다.

비록 끝을 맺지 못한 채 절제되기는 했지만, 샤오마가 죽기 직전 아제에게 "형제란……"이라고 내뱉은 뒷말이 바로 관객들을 향한 메시지였을 것이다. 뒷말은 생략되었지만 영리한 관객들은 알아듣는다. 아하오가 마지막으로 동생 아제에게 건넨 "너의 길이 옳았다[你走的路是對的]"고 한 선언도 관객의 영웅인 아하오의 통 큰 면모를 두드러지게 할 요량이었을 것이다.

선/악의 구도가 해체된 채 시작하는 우위썬의 새로운 영화는 이후 「첩혈쌍웅 喋血雙雄」(1989)이나 「첩혈가두 喋血街頭」(1990), 할리우드에 진출해서 만든 「페이스 오프 *Face off*」(1997) 「리플레이스먼트 킬러 *The Replacement Killers*」(1998) 등의 예고편이었을 수도 있다. 「리플레이스먼트 킬러」는 비록 제작을 맡은 영화이기는 했지만, 기묘하게도 우위썬의 할리우드 진출작들은 그 제목에서부터 어떤 '뒤바뀜'을 보여준다. 그리고 선/악을 변별하지 못하는 스크린은 지속적으로 미끄러진다.

1987년 우위썬은 「영웅본색」의 속편을 선보인다. 여전히 의리와 배신의 문제를 다룬 속편은 선/악의 구도가 공/사의 구도에서 벗어나 사적 구도로 흘러가는 모습을 보여준다. 슬로우 모션과 교차 편집의 특기는 여전히 살아났지만, 샤오마의 쌍둥이 동생이 미국에 살아 있다는 설정은 홍콩영화를 삼류라고 폄하하는 이들에게 좋은 이야깃거리를 만들어 주고 말았다. 미국(뉴욕)으로 옮겨진 무대에서 펼쳐진 이야기는 어떤 일관성이 결여된 채, 새로운 인물의 등장(정신분열을 앓는 룽쓰의 모습 등)과 그 인물들이 가진 역할의 개연성을 확보하는 데에 실패하고 말았다. 싸움의 목표와 대립구도가 불분명하고, 난데없이 등장하는 미국인 총잡이들에 대한 설명도 그다지 충분하지 않다. 전편보다 강력한 무엇을 보여주고 싶었던 욕심에서인지 엠(M)60 같은 더욱 강력한 무기들만이 등장했을 뿐이다. 뉴욕이라는 공간을 통해서 홍콩의 미래에 대한 불안함을 내비치면서도, "여기는 아무래도 우리가 있을 곳이 아니야[這裏到底不是自己的地方]"라는 샤오마의 쌍둥이 동생 아젠의 고백이나 "모두들 가족이 사는 고향이 있다는데 어떤 사람들은 제대로 발붙일 곳도 없군요. 그래도 고향이 좋지"라는 고백들은 그들이 어쩔 수 없는 홍콩 사람들임을 일러준다. 홍콩은 그렇게 어쩔 수 없는 그들의 원형적 공간으로 자리잡는다.

비록 "전작만 한 속편 없다"는 속설을 다시 한번 확인시켜주기에 모자람이 없었긴 해도, 「영웅본색」 연작은 홍콩 누아르라는 새로운 장르의 개척이라는 역사적 의미와 더불어 장궈룽[張國榮]이라는 '우리' 시대 영웅의 존재를 알려준 영화사적 혹은 문화사적 의미만으로도 충분히 존중되어야 한다.

우리의 젊은 영웅이었던 그는 영원히 스크린을 떠나가고 말았다. 이제 살아남은 자는 죽은 자에 대한 예의를 다해야 한다. 스크린 밖 현실에서 그의 삶이 어떠하였든 스크린 속 그의 판타지를 자양분 삼아 우리의 젊음과 내일 그리고 희망을 키워왔으므로.

역사와 시대의 무게 앞에 선 한 여인의 운명 :
장이머우의 「붉은 수수밭」

잘 알려져 있다시피 「붉은 수수밭 紅高粱」은 감독 장이머우[張藝謀]의 데뷔작이다. 장이머우는 1978년 베이징 영화대학에 입학하여, 졸업 직전인 1981년부터 「뜨락 小院」「붉은 코끼리 紅象」(1982) 등을 촬영하였고 그 이후에는 본격적인 촬영기사로 나서 장쥔자오[張軍釗]의 「하나와 여덟 一個和八個」(1983), 천카이거[陳凱歌]의 「황토지 黃土地」(1984)「대열병 大閱兵」(1985) 등을 연이어 촬영하였다. 또한 우톈밍[吳天明]의 「오래된 우물 老井」(1986)에서는 남자 주인공을 맡기도 하였다.

그러다가 이듬해인 1987년 자신이 본격적으로 감독으로 뛰어들면서 첫선을 보인 작품이 바로 「붉은 수수밭」이다. 이 영화는 붉은 화면이 담아낸 독특한 영상미로 인해 국내외에서 찬사를 받으며, 1988년 2월 제31회 베를린 국제영화제에서 금곰상을 받는 등 전후 20여 회의 수상을 기록한 그의 대표작이라 할 수 있다. 데뷔작이 곧 대표작으로 남게 된 이유 때문이었는지, 이후 그의 영화세계가 각지에서 주목받았음은 물론이었다.

1920년대 후반부터 중일전쟁이 발발한 1937년 이후 어느 시점까지를 시대적 배경으로 한 이 영화는 독특한 혼례의식을 신바람 나는 음악과 함께 황량한 누런 벌판 속에 꽃처럼 흔들리는 붉은 가마를 통해 보여주는 것으로 시작한다. 사람 키보다 훌쩍 높이 자란 붉은 수수밭을 지나던 가마 속의 신부(주얼, 九兒)는 노새 한 마리 값에 쉰 살의 문둥이(리다터우, 李大頭)에게 팔려가고 있었다. 갑자기 수수밭에서 튀어나온 노상강도가 그녀를 납치하려 하고, 그 순간 그 지방에서 솜씨가 제일 좋다는 가마꾼(위잔아오, 余占鰲)이 나서 그녀를 구한다. 신부는 그 가마꾼에 의하여 새로운 세상을 경험한다(이 부분에서 둘의 관계는 「국두 菊豆」에서와 마찬가지로 카메라 앵글의 은유적 기법, 즉 수수밭의 출렁임으로 처리된다). 자신을 팔아버린 아버지에 대한 원망을 품고 신부가 다시 자신의 '시집'으로 돌아왔을 때, 문둥이 신랑은 누군가에 의해 살해당한 뒤였고 그 이후 뤄한[羅漢]이라는 양조장 관리인의 도움을 받아 양조장을 운영해 간다. 9월 9일 다시 술을 빚기 시작하던 날, 그 가마꾼이 들이닥쳐 새로 빚은 술에 오줌을 갈기는 행패를 부리지만, 오히려 그 때문에 '스바리주[十八里酒]'라는 명주가 태어나게 된다. 뤄한은 가마꾼이라는 새로운 인물이 주얼의 신랑으로 자리잡는 상황을 보고 그곳을 떠나게 되고, 그렇게 9년간의 평화로운 시간이 흘러간다.

이제 중일전쟁이 발발하고 일본군들이 마을에 들이닥쳐 부역과 노동을 강요하고, 항일투쟁에 가담했을 것 같은 두 사람(한 명은 주얼이 신행 뒤 그의 시집으로 다시 왔을 때 그녀를 납치해 갔던 비적이었고, 다른 한 명은 바로 뤄한이었다)을 산 채로 가죽을 벗겨서 참혹하게 죽인다. 이 장면을 두 눈 뜨고 목도해야만 했던 마을 사람들, 그 중에서도 양조장 사람들은 일본군에게 저항하기 위한 자구 노력을 시도한다. 적의 트럭이 지나는 길목에 폭약을 묻는 과정에서 예상대로 '스바리주'는 폭약의 위력을 발휘하게 하는 무기로 사용된다. 그러나 그들의 계획은 절반의 성공으로 끝나버렸고, '스바리주'의 붉은 빛과 핏빛으로 온 세상이 붉게 물들었을 때 우연찮게도 개기일식이 진행된다. 그 모든 과정을 살아남아 지켜볼 수 있었던 이들은 이 이야기를 우리에게 들려준 이의 아버지(주얼의 아들)와 할아버지(위잔아오)뿐이었다.

이 영화는 독특한 내러티브 기법을 쓰고 있다. 그것은 주인공의 손자인 '나'가 그의 아버지에게서 들은(사실, 아버지도 그 일을 겪은 것은 아홉 살 남짓 되던 어린 나이였으며 그것도 영화의 후반부 이야기만 직접 겪은 것이고 전반부는 다시 그의 아버지에게 얻어들었을 이야기이다) 이야기를 우리에게 다시 들려주고 있는 것이다. 그러니 이 이야기는 직접 체험자로부터 따지면 적어도 3대의 수직적 가족관계를 따라 전달되었으며, 다시 그 이야기가 감독에게 전달되고, 또 감독으로부터 이국땅의 우리에게까지 전달되는 두 번 이상의 수평적 이동을 거친 셈이 되었다.

그러니 이 이야기의 시점은 흔히들 소설의 양식에서 말하는 1인칭 주인공 시점도 1인칭 관찰자 시점도 아닌 것이다. 이 영화의 이러한 시점 운용은 소설에서는 자신이 잘 알지 못하는 인물의 일기나 편지들을 모아 소개하거나, 어떤 인물과 만나서 들은 이야기를 중심으로 그에 대해 서술하는 형식으로 나타나는 것이다. 이러한 서술 방식은 타인의 체험을 서술해야 하는 1인칭 서술자가 자주 선택하는 방식으로, 신비한 체험을 한 인물에 대한 이야기나 다소 비정상적인 인물의 삶을 기술하는 1인칭 서술 상황에서 흔히 사용되고 있다. 이 경우 편지나 일기를 정리하거나 그와의 만남을 재정리하는 '나'의 목소리는 ─ 소설에서는 ─ 작중인물이 아닌 작가의 목소리로 변모하게 된다. 이처럼 하나의 텍스트 안에서 1인칭 서술자가 작가의 목소리를 갖는 것은 서술 방식상 파탄에 해당한다는 지적도 있다.1)

그러나 영화의 경우는 작가, 즉 감독이 직접 개입할 수 없다는 한계를 지니고 있으므로 소설과는 조금 다른 양상을 보이게 된다. 즉, 이 영화에서 서술자인 '나'는 시대적 흐름으로 보았을 때 1930년 전후에 태어난 아버지를 두고 있으므로, 1987년 이 영화가 제작되던 당시에는 약 30대 초·중반의 나이를 가진 인물이었을 것이다. 감독은 의도적으로 이러한 서술자를 배치함으로써 중국 사회에 현존하는 인물들 가운데 당시의 역사를 직접 체험한 일부 노령 관객들을 염두에 두기보다는, 그러한 역사를 간접적으로 겪어 왔을 당시 청장년층 관객을 염두에 두려 했던 듯하다. 그리고 그것은 영화를 즐기는 이 젊은 세대 관객들로부터 텍스트의 신뢰성을 확보하려는 방책이었을 것이다. 이와 같은 텍스트의 신뢰성을 확보하기 위한 노력은 '나'의 서술에서도 계속 이어진다. 일본군에 의하여 뤄한이 살해당했다는 사실을 역사적 자료를 동원하여 이야기하는 대목은, 단지 이 이야기가 자신의 아버지에게서 사적으로 들었던 것이 아니며, 나름대로 서술자 자신이 관련 자료를 확인하였음을 알려주는 장치이다. 이로부터 이 이야기가 조작된 '허구'가 아니라 역사적 '사실'이며, 나아가 그러한 역사적 '사실'은 역사적 '진실'로 이어진다는 가치까지도 내포하고 있는 듯 보인다. 물론 그것이 중국에서 실제로 일어났던 역사적 사실이었는가 하는 점은 또 다른 문제이지만.

아울러 이 같은 이야기하기 방식은 얼핏 전통 중국의 '설화(說話, 이야기하기)'를 연상케 하기도 한다. 설화자(說話者) 자신이 대본[話本]을 가지고 저잣거리의 와자(瓦子) 등에서 서민들에게 오락거리를 제공해 주었던 송대의 새로운 오락 양식, 즉 화본소설의 기법과도 맥락을 같이하는 부분이 있다고 보인다. 특히 도입부에서 자신의 할머니(주얼)를 소개하는 화면은 더욱더 그러한 색채를 짙게 풍긴다.

영화의 전반은 지극히 사적인 맥락으로 이어진다. 한 여인의 기구한 운명과 그 운명을 바꾸어 보려는 자신과 주변의 시도, 그리고 환경의 변화가 가져다준 기회로 인하여 새로운 운명을 맞이하게 되는 등의 사건 전개를 통해, 아마도 이 영화는 이렇듯 가난하고 굶주렸던 1920년대 말 중국의 한 농촌에서 벌어진 비인간적 형태의 혼인관계를 묘사하려는 듯하다. 그러나 개인의 사적인 운명을 다루면서도 그 사적인 운명이 가지고 온 갈등을 영화의 전반에 이미 다 해결해버림으로써 도대체 이 영화의 후반이 어디로 흘러갈까 하는 의구심을 불러일으키며, 분명하지 않은 주제 의식으로 관객을 잠시 어리둥절하게 한다.

가마꾼 위잔아오가 주얼을 아내로 차지하는 과정에서 등장하는 비적의 이야기는 의외의 서사로 비쳐질 수도 있을 만큼 영화의 전체 맥락을 읽어내는 과정에서는 뜬금없다. 물론 그것이 이후의 서사에서 일본군의 잔학상을 설명하기 위한 장치로 미리 사용되었음을 알 수 있기는 하지만.

바로 이 지점, 즉 사적인 서사가 행복한 결말을 맞이하면서 갈등의 요소가 모두 해결되어버리는 지점에서 영화는 무거운 역사적 주제로 카메라의 앵글을 돌린다. 1937년 중일전쟁의 발발과 더불어 일본군의 무자비한 살육 장면이 펼쳐지고, 지금껏 한 여인의 운명에 관심을 집중시켰던 관객으로서는 새로운 무게로 뜻밖의 서사를 맞이해야 하는 상황에 놓이게 된다. 아닌 게 아니라, 자신의 매신(賣身)을 두고 아버지를 향해 독설을 퍼붓던 모습이나 문둥병이 두려워 양조장 안에도 들어가지 못한 채 마당에 엎드려 누워 있던 나약하고 지극히 현실적인 한 여인의 모습은, 어느새 일꾼들을 불러 모아 '대동(大同) 사상'으로 그들을 설득하여 주도적으로 양조장을 재건하며 민족과 역사의 혹독한 현실 앞에서 뭇 남정네들을 독려하는 투사의 이미지로 변신한다.

물론 그녀의 이러한 변신의 이면에는 뤄한이라는 보조 인물이 존재한다. 그는 양조장의 총관리자로서, 나약하고 소극적이었던 그녀를 도와 양조장을 새로 출범시키는 인물이었다. 위잔아오가 그녀의 남편 자리를 차지하면서 새로운 보조 인물로 확고한 자리를 굳히게 될 즈음 뤄한은 말없이 양조장을 떠남으로써 그 신비로운 행적을 시작하게 된다. 그러나 영화는 9년 뒤 그가 어떻게 주조장 관리인에서 공산당원이자 열렬한 항일투사로 변모할 수 있었는지에 대한 설명은 유보한다. 이 과정에서 개연성을 확보하지 못했고, 주얼을 납치하여 3천 냥을 가로챘던 비석 신창삼포가 어떻게 일본군에게 '저항(그것이 민족적 가치를 내포한 투사로서의 저항이었는지, '두목'으로서 자신의 자존심을 지키기 위한 개인적 저항이었는지는 불분명하지만)'해서 산채로 가죽이 벗겨지게 되었는지, 도대체 그의 정체는 무엇이었는지에 대한 설명도 역시 유보되었다. 다시 말하면 주인공과 그를 둘러싼 인물들의 성격과 이미지, 혹은 정체성(identity)의 일관성을 설명하는 데 영화는 거의 관심을 두고 있는 것 같지 않다.

그러나 달리 생각하면 바로 그 점 때문에 감독은 1인칭 서술자 시점을 택했을지도 모른다. 즉, 감독은 1인칭 서술이 갖는 특성들을 십분 활용함으로써 "～라고 하더라" 하는 식의 이야기가 갖는 성글고 거친 부분들을 오히려 거꾸로 보완하고 있는 것은 아닐까? 그래서 영화의 전체 맥락이 갖는 개연성, 즉 사적인 주제로부터 공적인 주제로 이동하여 역사적 무게를 갖는 주제 의식으로 전환하려는 시도의 정당성을 확보하기 위해 작품 곳곳에 장치되어 있어야 할 세부적 개연성은 포기한 듯 보이는 것이다.

주얼만 보더라도 아버지와의 절연, 뤄한이라는 보조 인물과의 인연, 남편 위잔아오와의 인연 등을 통해 새로운 운명을 맞

17

이하게 되고, 그 속에서 뤄한에 대한 개인적 애정이 일본군에 대한 원한으로 전이되는 모습을 보인다. 그것은 역사적, 민족적 분노로의 전이이다. 이 과정에서 자신의 운명을 바꾸어 놓은 고량주라는 제재 역시 '민족적' 원한을 해결하는 데 무기로 사용됨으로써 공적 제재로 전이된다.

그러나 결론적으로 말하자면 작가는 지나치게 형식미학적 측면에 집착함으로써 영화가 가져야 할 서사의 개연성을 놓치고 있다. 뿐만 아니라 모호한 주제 의식(이 점은 사적 서사가 공적 서사로 이동하는 데 있어 그 시간적 분량이 엇비슷하다는 데서 기인하는 것이기도 하다)을 노정(露呈)하고 말았으며, 아울러 후반부에 등장하는 역사와 사회의 무게를 제대로 받쳐주지 못하고 말았다.

작가가 형식미학적 측면에 집착했다는 것은 이미 이야기했지만, 작품의 도입부에서부터 확연히 드러난다. 누런 빛깔의 황톳길과 사내들의 누런 웃통 속에서 빛나는 한 점의 붉은 가마로부터 시작된 영화는, 점차로 그 붉은빛을 스크린 위에 흩뿌리면서, 실제로는 무색인 고량주의 색깔을 의도적으로 붉은 빛깔로 '조작'한다. 화면이 온통 시뻘겋게 물들고 마는 마지막 장면에서 색깔에 대한 감독의 집착은 절정을 이룬다.

색깔과 더불어 그 미학을 뒷받침하는 것은 음악이다. 장이머우는 이후 「국두」와 같은 다른 영화에서도 나타나듯이, 전통 중국의 의례를 보여줌으로써 이것이 '중국'영화임을 관객들에게 확인시킨다. 이 작품에서는 혼례 행렬 속 신부의 가마가 그러하고, 양조장에서의 술 빚기 의례가 그러하다. 그는 데 뷔작에서 그러한 의례의 미학을 선보임으로써 이후 펼쳐질 그의 작품세계의 미학적 카테고리 하나를 이미 형성하고 있었던 것이다. 그런데 그 의례 속에 꼭 삽입되는 것이 음악이다. 도입부에서 연출되는 가마꾼의 행렬과 그들의 춤사위 그리고 함께 어우러지는 혼인 잔치의 나팔은 아직 여인의 운명을 심각하게 눈치 채지 못한 관객들에게는 더 할 나위 없는 흥겨움으로 다가온다. 비록 당사자인 여인에게는 그 흥겨운 나팔소리가 비극의 시작을 알리는 조종(弔鐘)과도 같은 아이러니를 가지고 있기는 하지만……

9월 9일 중양절에 (부연하면 이 영화에서 9라는 숫자는 지속적으로 등장한다. 주인공의 이름도 주얼(九兒)일 뿐더러, 술을 빚기 시작하는 것도 9월 9일이고, 마을에 일본군이 침략한 것도 '9년 뒤'였다. 이러한 장치가 중국어에서의 '구(九)'와 '주(酒)'의 해음(諧音, 서로 다른 글자가 같은 독음을 가짐) 현상을 염두에 둔 것임은 분명하다.) 술을 빚기 시작하면서 행하는 그들의 주신 제례의식 또한 멋들어진 전통 중국의 민요를 대동한다. 그리고 그 민요는 일본군을 '쳐부수러' 가기 전날 다시 한번 재연된다. 같은 음악이기는 하지만 전자의 노래가 흥겨움과 즐거움의 미학적 범주를 연출했다면 후자는 엄숙한 비장미를 연출한다.

그러나 이 흥겨운 노래들의 뒤끝은 새로운 상황의 전개로 이어진다. 도입부의 나팔소리 뒤에 이어지는 여인의 울음과 수수밭에서 출현하는 비적 그리고 주신 제례의식이 끝난 뒤 출현하는 위잔아오와 그의 행패 등, 흥겨운 음악은 문득 상황의 반전을 예고하는 장치로 쓰이는 것이다. 그러므로 관객은 흥겨운 음악 속에서도 마음을 놓을 수가 없다. 그러다가 마지막 거사 전날 비장한 민요가 등장하고 이내 숨을 죽인 관객은, 아니나 다를까, 뒤이어 펼쳐지는 참혹한 장면에 허탈해 할 수밖에 없다. 한 여인의 운명이 끝내는 역사와 민족의 무게에 짓눌려 비극적 종말을 맞이했을 때, 그 비극적 종말을 기리는 것은 역시 그녀가 매신이라는 새로운 운명을 맞이하게 되었을 당시 울려 퍼졌던 것과 동일한 혼인 축가 나팔이었다. 그 비극 속에서 울려 퍼지는 나팔을 통해 감독은 분명 극도의 아이러니를 상정했을 것임이 분명하다.

영화의 비극적 사건을 마무리하는 것은 개기일식 장면이다. 핏빛과 고량주로 인해 온통 붉은색으로 물든 스크린 위에 작열하듯 쏟아지는 붉은 태양은 문득 검게 변해 그 빛을 잃어버린다. 그 순간 세상은 칠흑같이 어두워지지만, 그것은 이내 다시 '붉음'으로 되돌아온다.

이것은 무엇을 의미하는 것일까? 일본의 침략이라는 비정상적인 행위에 개기일식이라는 비정상적인 행위를 대입하여, 순간적으로 태양을 가릴 수는 있을지라도, 그것은 자연과 역사의 순리를 거역한 일시적인 현상일 뿐이며, 궁극적으로는 붉은 태양이 온 누리를 비추게 되리라는 의미가 아닐까? 그리하여 붉은 태양이 조국과 민족을 위하여 투쟁한 중국 인민의 붉은 피와 그들의 삶을 압축적으로 대변하여 준 고량주의 붉은빛을 비추게 될 것이라는 역사적 함의와 주제를 보여주고자 했던 감독의 의도라고 설명한다면 지나친 확대해석일까?

중국영화는 우리에게 무엇이었던가

　　중국영화에 대한 우리나라 사람들의 관심은 각별했었다. 그 관심의 기원을 찾아 거슬러 올라가다 보면 1960년대 말 후진취안을 만나게 된다. 1967년 「대취협 大醉俠」(1966) 이후 「용문객잔 龍門客棧」(1967) 「협녀 俠女」(1971) 「영춘각의 풍파 迎春閣之風波」(1973) 「충렬도」(1975) 「산중전기 山中傳奇」(1979) 「천하제일」 등 그의 작품들이 1980년대 초반까지 연이어 소개되었다. 후진취안은 한국에서 중국영화에 대한 폭발적 관심을 이끌어내는 견인차 역할을 했다고 해도 과언이 아니다. 1967년 '방랑의 결투'라는 제목으로 개봉된 「대취협」은 한국에 최초로 수입된 홍콩 무협영화로 기록되었다.[2] 물론 홍콩영화가 일제 시대에 이미 들어왔다는 설이 있으나 확인할 수가 없고, 1956년 고려영화사에서 수입, 개봉한 「해당화 海棠花」가 제1호로 기록되고 있다.3) 그러나 「해당화」는 무협영화는 아니었으므로 김영덕의 말대로 「대취협」은 한국에 최초로 수입된 홍콩 '무협영화'일 것이다. 1968년 '용문의 결투'라는 제목으로 수입된 「용문객잔」은 그 해 흥행 1위를 기록했다고 하니 가히 1960년대 말부터 중국영화에 대한 우리의 관심은 심상치 않은 것이었다고 하겠다.

후진취안과 함께 1970년대를 풍미했던 감독이 바로 장처[張徹]였다. 1968년 '의리의 사나이 외팔이'라는 제목으로 개봉되었던 「독비도 獨臂刀」(1967), '돌아온 외팔이'라는 제목으로 개봉되었던 「독비도왕 獨臂刀王」(1969) 등은 모두 이른바 '외팔이 시리즈'로 불리면서 중국영화에 대한 한국인들의 지대한 관심을 이어 갔다. 이러한 관심은 1970~1980년대를 거치면서 리샤오룽[李小龍], 청룽[成龍] 등의 무협-쿵후영화와 홍진바오[洪金寶]의 코미디 시리즈로 이어졌고, 청샤오둥[程小東]의 「천녀유혼 倩女幽魂」(1987)이 장궈룽과 왕쭈셴[王祖賢]이라는 탁월한 배우들을 앞세워 폭발적인 인기를 끌었다. 물론 우위썬 감독의 「영웅본색」(1986)을 필두로 한 누아르영화의 개막도 소홀히 할 수 없다.

지금까지 열거한 영화들은 중국영화라고는 했지만 사실은 모두 홍콩영화이다. 1997년 중국에 반환된 홍콩은 분명 '중국'의 일부임에 분명하지만 그 이전 영국령에 속해 있던 홍콩을 중국이라 할 수 있을까 하는 점에 대해서는 문제 제기가 가능할 것이다. 그러나 그렇다고 해서 홍콩을 일컬어 무작정 영국의 일부라고만 하기에는 더욱 무리가 따른다. 그런 점에서는 대만도 마찬가지이다. 중국이라는 개념을 단순한 '국적'이라는 입장에서만 파악하려는 시도는 중국영화라는 둘레를 매우 축소시키고 말 것이다. 영화는 그 자체로 문화적 현상이기도 하므로 동질적인 문화적 전통 아래 있는 홍콩영화와 대만영화 등을 모두 포괄하여 중국영화라는 이름을 붙일 수 있을 것이다. 물론 그런 혼란 때문에 몇몇 저널리스트들은 대륙, 홍콩, 대만을 묶어 '삼중국 영화'라 부르기도 하고 혹은 더 나아가 '중국어 영화[華語電影, 中文電影]'라는 개념마저 쓰고 있는 실정이지만 중국영화라는 개념은 여전히 일상적으로 대륙과 홍콩, 대만의 영화를 모두 아우르는 지칭으로 쓰일 수밖에 없을 것이다.

그렇다면 왜 우리의 관심은 30여 년 동안 대륙영화나 대만영화가 아닌 홍콩영화에만 집중되어 있었던 것일까?

그것은 우선 정치적 원인 때문이었다. 한중 간 영화 교류가 활발하게 이루어질 수 있었던 시기는 제2차세계대전이 종식된 이후 상대적으로 사회가 안정되기 시작한 1950년대 이후라고 할 수 있다. 그러나 당시 대륙 중국에는 사회주의 국가가 수립되어 있었고, 첨예한 이데올로기 대립이라는 그늘 아래 양국 사이에 역사상 최초의 단절이 시작되었다. 그 단절은 약 40년 동안이나 지속되었다. 이데올로기의 장막은 두 나라 사이의 그 어떠한 교류도 불가능하게 했고, 영화 또한 예외가 아니었다. 대륙 중국의 영화 자체에도 그 원인이 있다. 설령 두 나라 사이에 교류가 가능했다 하더라도 대륙 중국의 영화에 대한 관심이 그다지 고조되지는 못했으리라는 추측을 아니 할 수 없다. 1949년 사회주의 중국이 수립된 뒤 대륙 중국에서는 화려했던 1930년대 상하이[上海]영화의 전통이 직접적으로 계승되지 못하고, 정치권력이 원하는 바대로 영화가 이데올로기의 선전물로 고착되고 있었기 때문이다. 1950년대 초반 쑨위[孫瑜] 감독의 「무훈전 武訓傳」(1950)에 대한 비판 운동이 터져 나오면서 대륙 중국의 영화는 점차 활기를 잃어 제작편수가 이전에 비해 상당히 줄어들었다. 그 미학적, 장르적 특성마저도 확보하지 못했음은 물론이었다. 1966년부터 10년 동안이나 지속된 문화혁명은 대륙 중국영화를 더욱 깊은 침체의 나락으로 떨어뜨리고 말았다. 1930년대 상하이에서 영화배우로 활약했다는 자부심과 열등감을 한 몸에 가지고 있었던 장칭[江靑]은 영화 창작을 위한 강력한 지도적 강령을 통해 이른바 '모범영화[樣板電影]'의 제작만을 강요함으로써 대륙 중국영화의 침체에 일조했던 것이다. 따라서 대륙 중국과의 교류가 가능했다 하더라도 그들의 영화 자체에 심각한 문제가 내재되어 있었기에, 아마 그 또한 부진을 면치 못했을 것이다.

대만의 경우는 어떠했는가? 대만은 또 다른 이데올로기적 극단에 서 있었다. 대만에서의 영화는 주로 일본 식민지 시대의 전쟁영화와 장제스[蔣介石] 총통 통치 시절의 선전영화에 치우쳐 있었다. 그러다가 1980년대 중반 사회 전반에 걸쳐 민주화가 진행된 이후 허우샤오셴[侯孝賢]이라는 감독의 등장과 더불어 이른바 '신랑차오[新浪潮]', 즉 '새로운 물결(new wave)'이 일어나면서 본격적으로 대만 고유의 스타일을 갖춘 영화들이 선보이기 시작했다. 그러나 1980년대 중반 이후, 롱 테이크(long take)와 프리즈 프레임(freeze frame)으로 가득한 대만의 영화는 현실에 대한 진지한 성찰로 인해 경직된 한국 사회에 수용되기 어려웠다.

대륙 중국과 대만의 영화가 모두 이 같은 원인들로 인해 우리와 담장을 쌓고 있었을 때, 유일하게 교류가 가능했던 것이 바로 홍콩영화였다. 같은 아시아권이라 할 수 있는 일본의 경우도 또 다른 이유로 인해 문화교류가 막혀 있었던 것을 생각하면 홍콩영화는 당시 매우 자연스럽게 교류의 물꼬를 틀 수 있었던 것이다.

물론 그렇다고 하더라도 홍콩영화 자체가 매력이 없었다면 그와 같은 폭발적 관심을 이끌어내기에는 역부족이었을 것이다. 홍콩은 1842년 영국에게 할양된 이후 아무리 노력해도 스스로 해결할 수 없는 정체성에 대한 고민, 즉 영국도 아니면서 그렇다고 중국도 아닌 샌드위치와도 같은 자신의 신분으로 인해 갈등해 왔었다. 아무리 고민해도 스스로 해결하기 어려운 문제에 직면한 이들은 어찌할 수 없이 (현실에 대해 관심을 기울이기보다는) 1920~1930년대 상하이에서 비롯된 무협영화의 전통을 끌어안고 거기에 코미디를 접목시켰으며, 끝내는 할리우드를 들여와 액션 누아르를 탄생시켰다. 영화를 통해 자신을 둘러싼 현실에 대한 진지한 고민을 하기보다는 오락적, 상업적 요소를 극대화하였던 것이다.

홍콩영화가 대대적으로 환영을 받았던 1970~1980년대 한국 사회에도 현실에 대한 진지한 고민이 있었다. 당시 암울했던 한국 사회에서 '대중'이라는 이중성을 가진 집단은 언제 출구를 발견할지 모르는 지난한 현실적 고민에 대한 또 다른 해결책으로서 무협과 액션, 코미디 같은 오락을 선택했다고 해석할 수도 있는 일이다.

그렇게 되면 우리는 여기서 단순한 오락을 넘어서는 어떤 경계를 상정하게 된다. 당시 한국의 관객들은 현실에서 실현되지 못하는 권선징악을 무협과 액션이라는 장르를 통해, 즉 '무(武)'와 '협(俠)', 사나이들의 의리와 정의가 펼쳐지는 판타지를 통해 꿈꿀 수도 있었을 것이다. 그것은 다른 측면에서는 한국영화에서 찾을 수 없었던 갈증을 해소하기 위한 방편이었을 수도 있다. 한국에서의 홍콩영화는 지지부진한 국가 선전영화나 에로영화들이 풍미하던 시절의 대안이 아닐 수 없었다.

1990년대 중반 이후 한국 사회에도 전에 없던 민주화 분위기가 확산되면서 한국영화 또한 다양한 장르로 약진하기 시작했다. 반면 홍콩영화는 계속되는 소재와 스타일의 반복으로 인해 부진을 면치 못하게 되었다. 그 시점에 개혁개방을 선언한 대륙 중국의 영화가 자신만의 고유한 스타일을 선보이기 시작했고 그 중심에 장이머우가 있었다. 주지하다시피 장이머우는 제5세대 감독의 대표주자로, 「붉은 수수밭」(1987)을 필두로 「국두」(1990) 「홍등 紅燈」(1991) 등을 연이어 제작하면서 죽의 장막에 가려 있던 중국영화를 세계에 소개하기 시작했다. 붉고 푸른 색채와 탄탄한 이야기 구조를 가진 작품들은 서구 영화계에서 주목받았고 우리에게도 조금씩 알려지게 되었다. 그러나 그에 대한 관심은 홍콩영화의 그것과는 비할 바가 못 되었다. 한국에서의 중국영화에 대한 관심은 그렇게 시들해졌다.

그렇다면 이 지점에서 다시 한번 묻지 않을 수 없다. 30여 년 동안 이어 온 중국영화, 즉 홍콩영화에 대한 관심이 과연 '중국'영화에 대한 관심이었던가? 아마도 그것은 특정한 국가나 문화적 전통, 사회적 현실이라는 의미망으로서의 '중국' 또는 '홍콩'에 대한 관심이라고 하기보다는, 보편적 의미에서의 오락적 요소가 다시 특수한 한국적 현실과 결합된 결과였다고 할 수 있을 것이다.

돌이켜 보면 무협과 누아르 그리고 정통 서사로서의 대륙 중국의 제5세대 영화는 우리에게 수용된 중국영화의 어떤 계보를 보여준다. 그리하여 우리는 매우 폭넓은 징검다리이긴 하지만, 후진취안에서 우위썬을 거쳐 장이머우로 이어지는 한국에서의 중국영화 수용 계보를 그들의 구체적인 작품을 통해 둘러보았던 것이다.

중국영화를 어떻게 '읽을' 것인가

비록 미국에서의 영화 비평이 갖는 주된 전통적 특징이라고는 하지만, 영화는 단지 특정 작가의 산물이라고 하기보다는 사회적, 문화적, 정치적 흐름으로 파악된다. (이에 반해 영화를 특정 작가의 창작물로 보는 경향은 유럽 전통에 기대고 있다. 첨언하면 영화에서의 '작가'란 일반적으로 감독을 가리킨다. 시나리오를 구성하는 이는 이와 구분하여 '시나리오 작가'라 지칭한다.)

감독이 맡는 구체적 작업을 보면 촬영중에는 우선 연극을 이끌어 가는 인물과 같은 역할을 한다. 그러나 연극과는 달리 단순히 배우들을 관리하고 지도하는 책임뿐 아니라 연기와 기술적인 측면 그리고 공간의 배치 같은 문제를 예술적으로 종합하는 일도 담당한다. 물론 그는 배우나 무대장치가, 카메라 맨, 그리고 수많은 기술자들과 협력해서 이 작업을 진행시키기 때문에 영화와 관련해서 흔히 제작팀이라는 표현을 쓰기도 한다. 그럼에도 불구하고 영화를 만드는 기교나 방식에 관한 궁극적 결정은 감독의 손에 달려 있다.[4]

영화의 생산과 유통 그리고 소비의 과정을 살펴보면, 제도적이고 이념적이며 관습적이고 정서적인 요소들이 모두 거미줄처럼 얽혀 있음을 알 수 있다. 인간과 세계의 실체를 파악하기 위한 다양한 범주 가운데에서 제도와 이념 그리고 관습과 정서라는 틀은 한 편의 영화가 태어나서 관객들에게 보여지고, 이후 역사의 기록에 남을 때까지 일련의 현상을 분석하는 데 있어서도 유용한 관점들을 제공해 준다.

발라즈(Baláz)가 말한 대로 오늘날 존재하는 예술 장르 가운데 유일하게 그 탄생일을 알 수 있다는 영화는, 1895년 12월 28일 파리에 있는 그랑 카페(Grand Café)의 지하 인도 살롱에서 뤼미에르(Lumière) 영화사가 만든 10편의 '활동사진'이 처음으로 대중들 앞에 공개됨으로써 시작되었다. 이렇듯 생일을 알 수 있는 유일한 예술 장르라는 영화가 태어난 지도 벌써 100년이 훌쩍 넘었다. 19세기 말에 태어난 영화는 청년기라고 할 수 있는 지난 세기를 거치며 부쩍 성숙했다. 그리고 이제 또 새로운 장년기를 향해 발전하고 있다. 짧은 기간에 비해 놀라운 발전을 거듭해 온 영화는 도시문화와 대중문화의 한 축을 담당하여 왔다. 이렇게 영화가 한 세기 남짓 만에 급격한 발전을 이룩할 수 있었던 까닭은 산업혁명 이후 지속된 기술의 진보와 도시 사회를 중심으로 하는 관객들의 오락적 수요에의 부응, 관객들에게 선험적 인식의 지평을 열어줌으로써 대리 만족의 욕구를 채워줄 수 있었던 점에 있다. 그리고 영화 자체가 추구해 온 예술적이고 미학적인 창조의 성과 등의 후원에도 힘입은 바가 컸다.

영화의 탄생에 근대적 과학기술의 발전이 중요한 촉매 역할을 했음을 부인할 수는 없다. 그러나 그것만이 유일한 요인이라고 말해선 안 된다. 영화는 그림과 소리, 이야기라는 세가지 요소의 모던한 결합이다. 보고 싶은 욕망, 듣고 싶은 욕망, 말하고 싶은 욕망은 인간의 생래적인 것이다. 모던한 관객들은 오늘도 인간 존재로서의 욕망을 채우고자, 때로는 근엄한 자세로 예술품을 대하듯, 때로는 심심풀이 오락거리를 대하듯 극장을 찾는다.

영화가 예술이냐 상품이냐 하는 논쟁은 이미 해묵은 것이 되고 말았다. 둘은 마치 세상에서 가장 예리한 창과 가장 튼튼한 방패와도 같아서 어느 한쪽 명제를 참이라고 선언하면 곧 그 자신이 거짓이 되어버리는 운명을 지녔다. 그런 뜻에서 영화는 야누스다. 아니, 영화는 예술과 오락을 넘어서는 그 무엇이기도 하다.

이러한 배경을 통해 발전한 영화라는 예술 장르가 내포하고 있는 함의는 매우 중층적으로 파악된다. (이러한 상황은 영화를 가리키는 다양한 표현들에서도 유추해 볼 수 있다. 영화를 나타내는 말에는 film, movie, cinema, kino, photoplay, screen, flicks, motion picture, moving picture, movie photography 등이 있다. 이 가운데에서 '활동사진' 정도의 의미로 영화의 초창기에 쓰였던 몇몇 표현들을 제외하고 오늘날 흔히 사용되는 명명들 중에서 필름 (film)은 영화 자체를 둘러싼 기술적 측면을 강조하며, 시네마 (cinema)는 영화예술의 미학적, 내부적 구조를 강조하는 표현이고, 무비(movie)는 상품가치로서의 영화를 강조하는 표현이다.) 영화의 생산과 유통, 소비의 과정을 살펴보면 정치적, 상업적, 기술적, 미학적, 서사적 특징들이 고루 드러난다. 아울러 예술 장르라는 측면에서만 보더라도 영화는 실용예술, 환경예술, 극예술, 이야기예술, 음악예술 등 전 영역의 성향을 모두 갖추고 있다[5]고 할 수 있다. 따라서 이러한 '종합'예술로서의 영화에 대한 연구 역시 다분히 다양한 학문과 시각들을 아우르는 학제 간 접근을 통해서만 총체성을 확보할 수 있을 것이다.

영화를 '예술'로 볼 것인가 아닌가에 대한 논의는 영화가 갖는 중층성 때문에 오랫동안 분분하게 전개되어 왔다. 영화이론가들은 '가장 역사가 짧은 예술로서의 영화 자체가 지닌 열등의식'을 보상하고자 '무게 있는 이론체계를 뒷받침'함으로써 '다른 선진 예술만큼 존경을 받을 것'이라는 생각을 가지고 있었다. 실례로 '미국에서의 영화는 1970년경에 이르러서야 대학에서 보편적으로 승인된 학과로 자리잡을 수 있었다.'[6]

한편, '1960년대 초 스튜디오 체제의 붕괴로 위기에 처한 할리우드가 유럽과 합작으로 대작을 만들'기 시작하면서 "러시아의 몽타주 영화, 1920년대 프랑스의 아방가르드 영화, 1940년대의 이탈리아 네오리얼리즘, 1950년대의 프랑스 누벨바그, 페데리코 펠리니(Federico Fellini), 미켈란젤로 안토니오니(Michelangelo Antonioni), 잉마르 베리만(Ingmar Bergman)이 대표했던 1960년대의 유럽 모더니즘 영화" 등으로 지속되어 오던 "위대한 예술영화의 시대는 갔다"고 선언하는 이들도 있다. 그러나 이러한 입장 역시 "열세 살의 평범한 소녀가 아무 때나 쉽게 영화를 찍을 수 있는 날이 오면 그때 비로소 영화는 예술이 될 것"이라는 프랜시스 포드(Francis Ford)의 말에 대하여 "영화는 사실 그런 시대를 향해 가고 있다"고 지지함으로써[7] 궁극적으로는 그들도 영화 자체가 '예술'이 될 수 없다는 입장을 취하고 있는 것은 아니다. 즉, 이러한 입장들을 다룰 때 '예술'영화와 '예술로서의' 영화라는 개념을 분리해야 할 필요성이 제기되는 것이다.

영화 자체가 여러 겹의 그물에 의해 만들어져 있다 보니 영화를 바라보는 시선 또한 단일할 수만은 없다. 이러한 와중에 1990년대 후반 우리 학계에서 활발하게 논의되어 오고 있는 지역학은 영화 연구의 새로운 물꼬를 터줄 수 있다고 판단된다. 이른바 지역학으로서의 영화 연구를 시도하는 논의들은 영화를 바라보는 시선이 다양한 이(異)분야적 접근, 즉 학제간 연구를 통해 이뤄져야 한다는 데 인식의 바탕을 두고 있다.

물론 텍스트에 대한 미학적 탐구는 그 자체로 존중되어야 한다. 특히 프랑스를 중심으로 한 기호학 혹은 정신분석학 등의 이론에 근거한 텍스트 분석은 우리에게 영화를 이해하는 많은 방식들을 제공해 주었다. 특히 20세기 후반의 영화 연구는 학문으로 대접받기 시작한 이래 줄곧 텍스트 자체에 많은 관심을 기울여 왔다. 소쉬르와 프로이드, 롤랑 바르트와 자크 라캉에게서 연유한 담론들은 세상의 모든 영화를 기호학과 정신분석학으로 풀어낼 수 있다고 믿었다. 또한 그런 담론들이 프랑스영화에 대해서 뿐 아니라 아시아, 아프리카, 라틴 아메리카의 영화에도 모두 적용될 수 있다는 생각이 밑바닥을 흐르고 있었다. 그렇게 텍스트의 구조를 읽어내는 과정에서 '현지'의 다양한 맥락들은 사상된 채 성긴 그물만이 엮어질 뿐이었다. 물론 서구의 거대 담론이 20세기 지성과 일상에 미친 영향을 무시할 수는 없다. 그러나 영화는 미학 혹은 기호학을 넘어선다. 텍스트를 넘어서는 영화는 그 자체로 특정 지역의 경제학, 역사학, 정치학, 사회학, 문화학, 여성학, 문학 등과 겹친다. 영화를 탐구하는 일이 다양한 학문 분야 및 여러 시점에서 이뤄져야 한다는 사실을 '실천적'으로 인정해야 할 필요가 있다.

텍스트가 창조, 생산되는 컨텍스트를 살펴보기 위해서라면 영화의 국적주의 또한 여전히 유효하다. 예컨대 어떤 작품을 중국영화, 인도영화, 한국영화 등으로 이름 붙일 때 거기에는 영화라는 보편성뿐 아니라 중국적 맥락과 인도적 맥락, 한국적 맥락이라는 특수성이 자리잡고 있다. 중국에는 중국의 영화가 있고 인도에는 인도의 영화가 있으며 한국에는 한국의 영화가 있다. '중국영화'에서 '영화'는 '중국'에 의해 수식당하며 '인도영화'에서 '영화'는 '인도'에 의해 수식당한다. 중국과 영화가 만나고 인도와 영화가 만나야만 중국영화의 함의, 인도영화의 함의가 풍부해질 수 있다. 실제로 특정 국적을 가진 영화는 예술(미학)과 시장(상품) 그리고 권력(정책)이라는 세 축에 의해 자리매김된다. 그리고 그 세 축을 다시 운동과 교육이 둘러싼다. 예컨대 공전의 중흥을 꾀하고 있는 한국의 영화를 뒷받침해 주는 힘 있는 요인 가운데 하나는 스크린쿼터 문화연대의 활동 같은 운동의 역할이다. 한 나라가 처한 정치·사회적 맥락을 배제하고 이 같은 상황을 설명하기란 쉽지 않다.

1990년대 후반부터 불붙기 시작한 지역학은 서구 중심으로 이루어져 왔던 보편적 이론에 대한 성찰의 성격이 강했다. 지난 세기 내내 서구 사회에 대한 관찰의 토대 위에서 마련된 거대 담론들이 전지구적으로 유포되었다. 세계 어느 곳에서도 동일한 담론이 적용될 수 있으리라는 보편적 이론에 대한 신뢰가 아시아를 휩쓸었다. 지역학은 그러한 보편성에 대한 회의로서, 특정 지역에서 나타나는 사회적 현상이 그만의 특수한 맥락을 갖고 있다고 보는 데서 출발한다.

따라서 지역학으로서 영화 연구는 자연스럽게 그동안 세계 영화계에서 비주류로 여겨져 왔던 지역의 영화에 주목한다. 아시아에도 영화가 있고 아프리카에도 영화가 있음을 주체적으로 발견하려고 한다. 몽골에도 영화가 있고 터키에도 영화가 있다는 사실을 관념이 아닌 현실로 인식하자는 뜻이다. 아시아 혹은 아프리카영화의 발견은 대부분 서구의 선택에 의해서 이루어졌다. 칸이나 베니스, 베를린이 없었다면 인도의 미라네어나 대만의 허우샤오셴, 중국의 장이머우, 이란의 사미라 마흐말바프, 한국의 임권택이 세계 영화계에 알려질 수 있었을지 의문이다. 그러나 서구에 의해 '선택당한' 영화들은 그들의 눈에 의해 규정된다. 그리고 그 자리에 오리엔탈리즘이라는 꽃이 피어난다. 바깥에 서면 내면의 풍경은 눈에 들어오지 않는 법이다. 아시아에 의한 아시아의 발견이야말로 새롭게 끌어안아야 할 과제이다.

그런 점에서 지역학으로서의 영화 연구는 자국(본토)의 언어에 관심을 갖는다. 망원경으로 먼 풍경을 보며 한가로이 찬사를 보내는 일보다는 현미경을 들이대고 생존의 문제를 탐구한다. 기존의 영화 연구가 대부분 유럽의 언어와 미국의 언어로 이루어져 왔다면, 이제 서구 중심의 언어로 이루어지는 논의를 벗어나 특정 지역의 구체적 맥락을 그들 자신의 목소리로 들으려고 한다.

자국의 언어에 관심을 갖게 되면 저마다의 영화가 갖는 특징들이 더욱 풍부하게 드러난다. 예를 들어 중국영화에 장이머우만 있다고 생각하는 관습적 편견을 버리게 된다. 중국영화에는 자장커[賈樟柯]도 있고 러우예[婁燁]도 있고 스탠리 콴[關錦鵬]도 있고 쉬안화[許鞍華]도 있고 쑤자오빈[蘇照彬]도 있다. 그렇게 되면 영화의 종 다양성이 확보된다. 할리우드에 치여 소수, 비주류로 취급받던 다양한 영화들이 더욱 자주 모습을 드러낼 수 있는 좋은 기회가 마련된다. 그런 노력은 최근 더욱 활발해지고 다양해지는 소규모 영화제들의 확산에도 동반 상승효과를 가져다주게 될 것이다.

인도의 극장에는 오늘도 영화를 보려는 사람들이 몰려든다. 할리우드의 공격에 직면해서 자국 영화를 사수하고 있다는 점에서 인도영화는 우리 영화와 닮은꼴이다. 지역학으로서의 영화 연구를 통해 우리는 인도 사회가 어떤 맥락에서 그런 일을 가능케 하고 있는지 하는 그들 자신의 목소리를 들을 수 있게 된다. 또 자국의 언어를 통해 그들 스스로 자신의 영화를 어떻게 보고 있는지, 그들 자신이 생각하는 자국 영화의 문제가 무엇인지 토론할 수도 있게 된다. 자료가 없다고 내버려 두었던 다양한 지역의 영화사가 발견되고 그 토대 위에서 각 지역의 영화정책과 영화산업, 영화미학을 탐구함으로써 참조 체계를 구축한다.

이제 중국으로 눈을 돌려보자. 여전히 '사회주의' 사회인 중국의 영화는 검열을 핵심으로 하는 권력의 개입이 문제된다. 그 지점에서 "장이머우는 왜 「영웅」이라는 영화를 만들었을까?" 하는 물음에 대한 대답도 시작된다. 오늘날 중국 사회에서 영화를 만든다는 일은 적어도 세 가지 의미를 갖는다. 제6세대의 대표 주자들처럼 권력에 저항하여 언더그라운드로 남든지, 권력과 적절히 타협하여 오리엔탈리즘이라는 서구의 입맛을 맞춰주든지, 아예 해외로 도피하여 자신만의 새로운 영화세계를 구축하든지 해야 한다. 장이머우가 어떤 선택을 하고 있는지는 자명한 일이다. 최근작들을 통해 권력의 요구에 부응하기 시작한 그는 이제 스스로 문화권력으로 자리잡아 가고 있다. 각 나라가 처한 정치·사회적 맥락을 이해한 뒤에 자국의 영화 현상을 설명하자는 시도가 바로 이 같은 방식의 영화 연구가 갖는 특징이다.

예를 하나 들어보자. 말 그대로 장이머우는 우리에게도 잘 알려진 감독이다. 그러나 '잘 알려진'이라는 표현이 무색하게, 우리는 어쩌면 그와 그의 영화에 대한 직접 경험으로부터 기인한 깊은 속내보다는, 겉으로 보이는 화려함 혹은 간접경험에 의존한 상식을 쌓고 있을 뿐인지도 모른다. 실제로 한 사전에서 그를 설명하고 있는 항목에는 그의 데뷔작인 「붉은 수수밭」을 설명하면서 이 영화를 두고 '문화혁명의 혼란을 시대적 배경으로' 했다고 표현했다. 물론 단순한 실수일 수도 있고, 단적인 예를 침소봉대하려는 것에 불과한지도 모른다. 또 그만큼 현대 중국 사회에서 '문화혁명'이 차지하는 비중과 무게가 얼마나 큰지를 엿볼 수도 있는 대목이기도 하다(마치 중국의 제5세대 감독들의 영화는 모두 문화혁명과 직결되어 있으리라고 예단케 하는 저력을 가지고 있는지도 모르겠다). 그러나 단 한 번만이라도 이 영화를 관심 있게 본 사람이라면 이 같은 서술이 얼마나 엉터리인지 금방 눈치 챌 수 있을 것이다. 조금 빗나가거나 비약하는 이야기가 될 수도 있겠지만, 그런 의미에서 바로 우리가 중국영화에 접근하던 기존 방식이 새로운 보완을 필요로 한다는 사실을 확인할 수도 있을 것이다.

영화라는 큰 틀로부터 시작하여 '중국'영화를 읽어내던 방식이 가져다준 수많은 장점들이 있었음은 결코 무시할 수 없는 엄연한 사실이다. 예컨대 영화의 형식미학에 대한 깊은 이해가 그 대표적인 예일 것이다. 그러나 위와 같은 사소하지만 중대한 오류가 말해주듯 그러한 방식이 미처 꼼꼼하게 읽어내지 못하는, '중국'영화만이 갖는 특수한 중국적 맥락을 확인하고 이해하며 해석하는 일이 남겨질 수밖에 없다.

역시 같은 영화를 통한 예를 하나 더 들어보자. 외부음 서술자의 '할머니'에 대한 소개가 끝난 뒤, 「붉은 수수밭」의 시퀀스는 붉은 가마를 짊어진 구릿빛 남정네들과 가마 안에서 일그러진 얼굴을 하고 있는 새색시의 모습이 교차되면서 시작된다. 이어서 가마 안 새색시의 발이 여러 번 클로즈업된다. 이 장면에 등장하는 선명한 빛깔의 대비와 신나는 소리, 카메라의 움직임 등에 대한 탐구가 영화미학의 관심 분야라면 지역학으로서의 영화 연구는 왜 카메라가 새색시의 발을 클로즈업했을까 하는 문제부터 관심을 갖는다. 전통적으로 중국 사회에서 여성의 발은 성적 상징으로 여겨졌다. 전족이 성적 흥분을 고조시키기 위한 도구였다는 점만 보더라도 그렇다. 가마 속 여인의 발은 그렇게 앞으로 이 영화가 '섹스'의 문제와 무관하지 않게 전개되리라는 사실을 암시한다. 비근한 예를 들었지만, 만약 이 영화를 보는 데 이 같은 중국적 컨텍스트가 생략된다면 텍스트 역시 '생략당하고' 말 것이다. 지역학으로서의 영화 연구는 그 지점에서 출발한다.

영화가 서구에서 탄생한 것은 부인할 수 없는 역사적 사실이다. 그러나 영화는 태어난 직후 그 이듬해에 인도와 중국, 일본에 유입되었다. 서구영화의 전통과 아시아영화의 전통을 견주면서 영화의 본류는 서구라고 주장할 필요는 없다. 아시아에도 100년이 넘는 영화 전통이 있다. 그 전통을 되돌아보고 그 바탕 위에서 새로운 미래를 준비할 필요가 있다.

우리 사회에서 영상문화에 대한 관심이 시작된 것은 사실 1990년대 중반 이후 논의되어 왔던 (인)문학의 위기와도 무관치 않은 면이 있다. 그 중에서도 기존의 문자 텍스트만을 지고의 가치로 삼고 있던 문학은, 인간의 본성적 욕망을 종합적으로 담아내고 있는 영상적 상상력이 위축되어 가는 문자적 상상력을 구원해 줄 수 있으리라고 여기기 시작했다.

20세기 중반까지만 해도 '문학만이 고상한 예술이며 영화는 그저 애들 장난거리에 불과할 뿐'이라며 자신만만해 했던 문학은 도리어 영화로부터 많은 도움을 받게 되면서 처지가 뒤바뀌기 시작했다. 그럼에도 불구하고 문학은 여전히 예전의 영광을 꿈꾼다. 영화 따위는 시나 소설처럼 문학의 한 장르일 뿐이라고 생각한다. 줄곧 천대를 받아온 영화는 문학 앞에서 토라진 얼굴을 펴고 싶어 하지 않는다. 둘 사이의 대화는 언제나 겉을 맴돈다.

이제 문학은 문학대로 영화는 영화대로 서로 자신의 장기를 발휘해서 적극적으로 대화해야 한다. 영화는 문학이 그동안 이야기에 관해 닦아온 실력을 배우고 문학은 영화의 미학적 장치들을 해독하려는 노력을 보여야 한다. 그런 둘 사이의 노력은 영화와 문학 모두에게 더욱 풍부한 함의의 발견을 가져다줄 것이다. 그런 노력들은 문학은 문학일 뿐이며 영화는 영화일 뿐이라는 생각을 배제한다. 지역학으로서의 영화 연구는 그렇게 문학과 영화를 아우를 수 있는 좋은 방법론이기도 하다.

다시 논의를 되돌려 보면, 대중문화의 한 현상으로서 영화를 이해한다는 것은 한 사회가 가지고 있는 다양한 사회적, 문화적 함의들을 읽어낼 수 있는 코드를 해석하는 작업이 될 것이다. 때때로 제도적이고 정치적이며 이념적인 틀 속에서 사회 통제의 수단이 되기도 하는 영화의 생산구조를 밝히는 작업을 통해서, 한 사회에서 권력의 요구와 지배 이데올로기가 어떠한 방식으로 대중들을 통제하고 있는지를 살펴볼 수 있을 것이다. 또한 생산된 영화에 대한 관객들의 수용과정을 밝히는 작업을 통해 그들이 갖는 정서적 입장을 탐구함으로써 다수 사회 구성원의 사회·문화심리와 기호 등도 파악할 수 있을 것이다. 아울러 영화 텍스트 자체에 대한 탐구를 통해서 그 미학적 관습을 살피는 일 또한 영화 연구의 중요한 축이 될 것이다.

이른바 지역학으로서의 영화 연구가 부상하게 된 데에는 몇 가지 조건들이 무르익었기 때문이다. 우선 지역학에 대한 관심의 고조이다. 복잡다단한 영화 현상을 텍스트 바깥의 다양한 맥락들과의 관계성에 입각해 설명하려는 노력이 지역학과 만나게 된 일은 자연스러운 흐름이었다. 둘째, 20세기 후반에 이르러 폭발적으로 일어난 영상문화에 대한 관심 때문이다. 영상적 상상력에 의한 텍스트 또한 인간과 세계를 해석할 수 있는 유용한 소재라는 공감대가 확산되었던 것이다. 이러한 변화는 1990년대 후반에 지속적으로 제기되어 왔던 인문학의 위기를 탈출하기 위한 모색이기도 했다. 셋째, 이와 같은 변화 속에서 각 대학을 중심으로 영상 관련 강좌가 다양하게 개설되기 시작했다. 새로운 강좌의 개설은 그에 걸맞은 연구 성과를 필요로 했고, 새롭게 축적되기 시작한 연구 성과들은 관련 강좌를 더욱 풍요롭게 만들고 있다.

이러한 상황을 전제로 "중국영화를 어떻게 읽을 것인가?"라는 물음에 대답한다면 다음과 같은 몇 가지 특징들로 정리할 수 있다.

우선, 중국영화에 대한 연구는 크게 보아 두 가지 측면의 학문적 입장을 바탕으로 전개될 수 있다. 그 하나는 영화학적 입장에서 중국 '영화'를 탐구하는 입장이고 또 다른 하나는 중국학적 입장에서 '중국'영화를 탐구하는 입장이다. 전자의 경우는 인류 사회가 갖는 인간과 세계에 관한 보편적 주제 의식과 영화의 역사가 창조하고 발전시켜 온 전지구적 예술로서의 영화미학적 특성에 대한 탐구를 통해 관철될 수 있다. 이러한 점은 영화가 그 어떤 예술 장르보다 국적주의의 경계를 뛰어넘는 특성을 보여주고 있다는 사실과도 밀접하게 연관되어 있다. 문학과 같은 예술 장르에서는 쉽게 찾아볼 수 없는 이러한 특성은 국가 차원의 경계를 뛰어넘는 상호 제작지원이 이루어지고 있다는 점, 영화의 역사가 고작 100년 남짓한 시간을 겪어왔기에 그 예술적 전통이 전지구적으로 소통될 수 있다는 점, 아울러 영화의 배급과 상영 역시 전지구적 구조 하에서 이루어지고 있다는 점 등에서 그 현실적 증좌(證左)를 찾아볼 수 있다. 중국영화를 이해하는 이와 같은 기존의 입장은 미학적이고 형식주의적 바탕 위에서 영화 자체를 이해하는 데 결정적인 기여를 하였다.

한편 후자의 입장, 즉 중국학적 관점에서 영화를 이해하고자 하는 노력은 중국 사회가 갖는 특수성에 입각하여 중국영화를 탐구하려는 입장이라 할 수 있다. 이러한 노력은 '중국'영화의 소통구조 전반에 대한 고찰을 좀더 세밀하게 진행하는 데 도움이 될 것이다. 이 과정에는 중국적 특수성이 빚어내는 정치·사회학적 관점이나 경제학적 관점, 심리학적 관점 등이 동원될 수 있을 것이다. (최근에 점점 그러한 경향이 줄어들고는 있지만 기존 영화학계에서 진행된 중국영화에 관한 논의에 있어 가장 상징적으로 보이는 문제점은 중국어에 대한 몰이해와 그에 따른 중국의 1차 자료를 섭렵하지 못한다는 데 있다. 그러나 그것은 단지 언어 자체에 대한 몰이해로 끝나는 것이 아니라 중국적 특수성을 깊이 있게 파헤칠 수 없다는 난점으로 연결될 수도 있다.)

그러나 이론적 차원에서 이렇듯 두 입장을 비교적 명확하게 구분할 수는 있어도, 실제 중국영화를 '읽어내는' 과정에서는 두 입장이 긴밀하게 상보적으로 작용하여야 할 것이다. '중국'이나 '영화' 어느 한쪽이 없이 '중국영화'가 존재할 수 있는 것은 아니기 때문이다. 중국영화를 이해함에 있어 중국학의 연구 성과를 접목하는 이러한 태도는 분명 더욱 풍부하고 값진 경험들을 제공해 줄 수 있을 것이다.

앞서 말했듯이 이러한 입장은 중국의 역사적, 문화적, 지리적, 정치적, 경제적, 민족적 함의들이 영화 속에 녹아들어 있음을 전제로 하는 것이다. 아울러 현대 중국이 사회주의 국가 체제를 갖추고 있다는 사실과도 연관되어 있다. 따라서 우리는 이러한 방법을 통해, 중국이 어떻게 영화를 통해서 사회 통제의 기능을 수행하고 있는지, 나아가 어떻게 정치적·민족적 이데올로기를 관철하고 있는지 등의 문제들을 검토해 볼 수 있을 것이다.

중국영화에 대한 관심은 영화의 탄생 자체가 서구로부터 시작되었다는 태생적 한계로 인하여, 이미 영화가 전세계적 예술 장르로 자리잡은 오늘날까지도 세계 영화사가 서구 중심적으로만 씌어지고 있다는 점에서 더욱 필요한 일이다. 서구의 관점에 따르면 유럽과 할리우드영화만이 중심부 영화이며 기타 지역의 영화는 주변부에 불과하다. 그래서 그들이 쓴 영화사에서 유럽과 할리우드 이외의 영화는 언제나 한쪽 귀퉁이에 초라하게 밀려나 있다.[8] 실례로 르네 프레달(René Prédal)은 세계 영화 100년의 역사를 다루면서 미국과 프랑스, 독일, 러시아, 영국 등 서구영화의 역사를 중심으로 기술하면서 일본,

인도, 중국, 필리핀, 홍콩 등 아시아영화에 대하여는 지극히 일부만을 할애하여 피상적으로 기술하고 있다. 게다가 영화의 역사가 시작된 이듬해인 1896년에 최초로 영화가 상영되고, 1905년 최초의 영화제작이 이루어진 중국영화에 대해서, "뒤늦게 시작된 편"이라는 모호한 표현을 쓰고 있기도 하다.9) 중화주의의 장력이 미치지 못하는 예술 장르 가운데 하나가 바로 영화라고 덮어버릴 수도 있지만, 이는 아시아영화 전반의 세력 확장에 대한 주체적 인식과도 궤를 같이하는 것이다. 우리가 아시아영화에 대해 관심을 가져야 하는 또 하나의 이유는 아시아영화가 서서히 세계 영화의 또 다른 중심부로 부상하고 있다는 데 있다. 이미 세계 영화사에서 중요하게 다루어져 왔던 인도나 일본, 필리핀영화 외에도 1980년대부터는 중국, 대만, 홍콩영화가 중요한 위치를 차지하고 있고 1990년대 들어서는 한국, 이란, 베트남 등의 영화가 서서히 세계적 주목을 받고 있기10) 때문이다.

중국영화가 서 있는 자리

첫 번째 에피소드

언젠가 상하이와 홍콩에 들렀을 때였다. 영상자료를 구하려고 판매점에 들어서니 눈앞에 인상적인 장면이 펼쳐졌다. '나의 야만스런 여자친구[我的野蠻女友]'라는 제목의 영화 포스터였다. 제목은 분명 낯설었지만 포스터를 장식하고 있던 배우들은 차태현과 전지현이었다. 2001년 선풍적인 인기를 끌었던 「엽기적인 그녀」가 낯선 제목으로 중국에서 새로운 인기를 구가하고 있었다. 이른바 '한류(韓流)'의 구체적인 증빙을 다시 한번 확보하는 순간이었다.

우리 영화의 선풍적 인기를 경험하고 왔던 그 해 여름의 끝

무렵 또 하나의 중국인 대만에서는 약 200명의 배우들이 대대적인 시위를 벌인 사건이 보도되었다. 대만 텔레비전에서 방송되는 영화 중 70%는 자국 영화여야 한다는 대만형 스크린쿼터제가 지켜지지 않았다는 이유에서였다. 그리고 그 주범은 한국영화였다. 대만 텔레비전 방송에서 한국영화의 비율이 오히려 70%를 차지하고 있었던 것이다. 혹시 우리에게도 문화의 제국을 건설하고 싶은 욕망이 자리잡고 있는 것은 아닐까?

한류는 동아시아문화의 형성구조라는 관점에서 보면 새로운 현상임에 틀림없다. 근대 이전 동아시아문화의 영향관계는 기본적으로 유럽, 인도문화의 영향을 받아 형성된 중국문화가 한반도로 유입되고, 이러한 문화가 다시 일본으로 건너가는 과정을 거쳤다고 할 수 있다. 이러한 구조는 근대의 시작과 더불어 서구문화의 동시적 유입 혹은 서구문화가 일본문화에 영향을 끼치고 이 문화가 다시 한반도로 유입되는 새로운 질서로 재편되었다. 일본인 미술사가인 마츠바라 사브로[松原三郎]는 근대 이전의 이 같은 동아시아문화 형성과정에서 한반도를 일컬어 수도꼭지와도 같은 역할을 했다고 평가한 바 있다. 그의 말을 그대로 받아들여 유추해 보면, 근대 이후 한반도는 동아시아문화의 형성과정에서 독자적인 역할을 수행하지 못하고 수동적인 지위로 전락하고 말았던 셈이다. 최근 일어나고 있는 한류라는 흐름은 그런 의미에서 모종의 새로운 의미를 담고 있는 현상이라고 할 수도 있겠다.

두 번째 에피소드

2001년 가을 우리나라에 개봉된 중국영화가 한 편 있다. 왕샤오솨이[王小帥] 감독의 「북경 자전거 十七歲的單車」(2000). 영화를 보기 위해 극장에 들어섰던 나는 충격적인 상황을 접했다. 아무도 없이 텅 빈 상영관. 과연 단 한 명의 관객을 위해 영화를 상영해 줄 것인가 하는 걱정은 다행히 다른 두 명의 관객이 더 입장함으로써 기우가 되고 말았지만, 영화를 보는 내내 풀리지 않는 어떤 수수께끼 하나가 머릿속을 맴돌았다.

물론 단 한 편의 영화라는 특수한 현상을 가지고 보편적 설명으로 직결시키기에는 무리가 없지 않다. 그러나 중국영화에 대한 우리의 무관심은 어제오늘의 일이 아니다. 최근 몇 년간 개봉되었던 중국영화 가운데 「와호장룡 臥虎藏龍」(2000)만이 아카데미상 수상에 힘입어 재개봉되면서 겨우 관심을 끌었을 뿐(사실 「와호장룡」은 미국이 자본을 투자해 제작된 영화이므로 엄격한 의미에서 볼 때 중국영화라고 할 수는 없고, '중국어 영화'의 둘레에 포함시킬 수는 있을 것이다), 「북경 자전거」를 비롯하여 러우예의 「쑤저우 강 蘇州河」(1999), 장원[姜文]의 「왜놈이 왔다 鬼子來了」(2000) 등 이른바 중국영화의 새로운 흐름이라고 불리는 제6세대 감독들조차 대다수 관객들에게 외면당했다. (우리에게 「쑤저우 강」은 「수쥬」로, 「왜놈이 왔다」는 「귀신이 온다」로 각각 소개되었다.)

두 가지 에피소드를 통한 유추

이러한 상황은 적어도 두 가지 측면에서 불균형을 이루고 있는 것으로 파악된다. 그 하나는 한중 문화교류 자체에 있어서의 상대적 불균형이고, 다른 하나는 한류(韓流)에 이어 '한류(漢流)'라는 말이 등장할 정도로 중국에 대한 우리의 관심이 비등해지고 있는 상황에서, '중국'의 영화에 대한 대중의 관심은 아직 성숙하지 못했다는 측면에서의 불균형이다. 중국문화에 대한 관심은 여전히 동양 전통의 신비를 간직한 고대문화나 음식문화를 대표주자로 내세우는 생활문화 영역에 대한 현상 파악 수준에 머물러 있을 뿐이다. 유사 이래 우리와 최초의 단절을 경험했던 근대 이후 사회주의 중국의 문화가 어떠한 모습으로 형성되고 있는가 하는 데 대한 해석과 전망은 학계나 대중을 막론하고 쉽게 찾아볼 수 없는 상황이다. 우리에게 중국영화란 무엇인가?

앞서 말한 대로 중국영화라는 개념은 그 자체로 모호하다. 그 모호성을 보완하기 위해서 '삼중국 영화'니 중국어 영화니 중화권 영화니 하는 말들을 쓰고 있지만, 일상적으로는 여전히 중국영화라는 통칭에서 벗어날 수가 없다. 그런데 바로 그 순간 모호한 기표와 기의의 혼란은 반복된다. 중국영화라는 말을 들었을 때 누군가는 장이머우를 떠올릴 테고, 그 누군가는 허우샤오셴을 떠올릴 것이며, 또 다른 누군가는 저우싱츠[周星馳]를 떠올릴 것이다. 어쩌면 웨인 왕(Wayne Wang)을 떠

올리는 사람마저 있을지 모른다. 물론 그 조합은 셰진[謝晋]-리안[李安]-쉬커[徐克] 등으로 또는 러우예-차이밍량[蔡明亮]-왕자웨이[王家衛] 등으로 대체될 수도 있다.

그러나 이렇게 분화된 조합들은 1930~1940년대 혹은 그 이전으로 거슬러 올라가면 단일화된다. 각 조합의 세 주체 누구든 매혹적인 상하이의 여배우 롼링위[阮玲玉]가 주연을 맡아 열연했던 무성영화 「신녀 神女」(1934)의 전통, 더 극단적으로는 최초의 중국영화인 「정군산 定軍山」(1905)의 전통으로부터 자유로울 수 없다. 요컨대 오늘날 '삼중국 영화'라는 이 어설픈 기표의 범람은 1949년 사회주의 중국 수립이라는 정치사적 사건에 힘입은 바 크다는 사실이다. 그러나 대륙 중국영화와 홍콩영화, 대만영화의 전통을 세분하고자 하는 이들의 기획은 1997년의 홍콩 반환으로 말미암아 다시 좌절된다.

영화에서의 국적주의가 얼마만큼 유효한 의미를 지니고 있을까 하는 회의와는 별개의 문제로, 중국영화의 전통은 차라리 도시에 기반을 둔 전통이라고 하는 편이 나을지도 모른다. 베이징과 상하이, 홍콩과 타이베이라는 네 도시는 중국영화의 역사가 시작된 이래 자신만의 색깔을 가지고 때로는 원형적 상징으로 기능하거나 때로는 현재적 문제로 등장했었다. 그런 도시들의 단절은 단순한 공간적 단절이 아니라 이데올로기의 단절이자 서사의 단절이었으며 미학의 단절이었다. 그랬던 그들은 저마다의 힘으로 각각의 위치에서 자신만의 영화를 발전시켜 왔으나, 최근 세 지역의 영화는 모두 심각한 위기를 맞이하고 있다.

대륙의 경우 위기의 원인은 표현의 자유를 전면적으로 확보하지 못하게 하는 당국의 검열 제도에 있다. 베이징과 상하이의 전통이 옌안[延安] 전통으로 변모되어, 리얼리즘 영화를 발전시켜 온 대륙의 영화는 사회주의 중국 수립 이후 언제나 권력과의 친연성을 매개로 존재해 왔다. 이러한 상황은 개혁 개방이 시작되고 시장경제가 도입된 오늘날까지도 변하지 않고 있다. 영화라는 무기가 얼마나 큰 영향력으로 대중을 향해 선전과 선동의 효과를 발휘할 수 있는지를 몸소 체험해 왔던 권력은 여전히 자신에게 연결되어 있는 영화와의 끈을 놓지 않으려 하고 있다. 비근한 예로 1996년 창사[長沙]에서 열린 전국 영화활동회의[全國電影工作會議]에서 중국 당국은 이른바 제9차 5개년 개발계획연간(1996~2000)에 매년 10편씩 모두 50편의 빛나는 영화를 제작함으로써 중국영화의 부흥을 꾀해보자는 '9550' 계획을 발표한 바 있다. 그러나 정부가 주도하는 이러한 계획들은 한결같이 적법성과 고도의 사상성 등을 강조하고 있다. 그리하여 각 제작소에서 제작된 영화들은 최종 배급 단계에서 국무원 영화검열기구[國家廣播電影電視總局]의 검열을 반드시 거쳐야만 한다. 검열은 국익의 저해 여부라는 주관적인 판단에 근거하여 배급과 상영을 결정할 수 있는 조항들이 기준이 된다. 이러한 판단의 기준은 수입 영화에도 예외가 아닌데 2001년에는 자막 처리를 둘러싼 문제로 인해 한국의 「무사」(2000)가 상영 금지되었고 「왜놈이 왔다」나

「소림축구 少林足球」(2001) 등도 이 기구에 의해 처벌을 받은 바 있다.

엄격한 규정과 기준으로 정부의 검열이 지속되고 있는 상황에서 표현의 자유를 확보하는 것은 만만한 일이 아니다. 그러므로 오늘날 중국 본토에서 영화를 계속한다는 것은 끊임없이 작가들의 선택을 요구하는 과정 자체를 의미한다. 권력과 적절히 타협하든지, 아니면 검열과 감시를 피해 비밀리에 지하로 숨어들든지, 그렇지도 않으면 해외로 '도피'하든지……. 제6세대 감독들은 이러한 상황을 스스로 타개해 보고자 등장한 시대정신의 표상이다. 그들은 두 번째 방식을 선택함으로써 독립영화 창작에 힘을 쏟고 있다. 그리고 그 선두 주자가 바로 「소무 小武」(1997)와 「플랫폼 站台」(2000) 등을 선보인 자장커[賈樟柯]라 할 수 있다. 사회주의 사회에서 어쩌면 그 자체만으로도 저항적일 수 있는 소매치기라는 인물을 설정한 「소무」는 사회주의와 자본주의가 뒤죽박죽된 채 살아가고 있는 중국의 모습을 그려냄으로써 장이머우나 천카이거를 벗어난 새로운 중국영화를 목 놓아 기다리고 있던 해외 영화계에서 주목을 받았다. 그러나 역시 「소무」는 새로운 발견임과 동시에 어떤 멈춤이다. 그것은 여전히 중국 내부에서 포용되지 못하는 "중국영화의 의미는 무엇일까?"라는 물음과도 연결된다.

거꾸로 중국 내부에서 열렬하게 포용되고 있는 영화들의 의미는 또 무엇인가? 철저하게 권력의 요구에 호응하는 이른바 '주선율(主旋律)' 영화들은 최근 유난히 가족의 가치를 강조하는 쪽으로 방향을 잡고 있다. 그런 의미에서, 중국 당국의 적극적인 지원을 받아 2002년 6월 한중 수교 10주년을 기념하여 우리나라에서 열린 제1회 중국 영화제에서 상영된 영화들은 상징적 의미를 띠고 있다고 해도 과언이 아니다. 당시 상영된 10편 가운데 레이셴허[雷獻禾]의 「레이펑을 떠난 날들 離開雷峰的日子」(1996), 펑샤오강[馮小剛]의 「끝나지 않았어요 沒完沒了」(1999), 쑨저우[孫周]의 「아름다운 어머니 漂亮媽媽」(1999), 장양[張揚]의 「샤워 洗澡」(1999), 휘젠치[霍建起]의 「그 산, 그 사람, 그 개 那山那人那狗」(1999), 위중[俞鐘]의 「나의 형제자매 我的兄弟姐妹」(2001), 황젠신[黃建新]의 「누가 괜찮다고 했어요 誰說我不在乎」(2001) 등 적어도 7편이 정도의 차이는 있지만 모두 가족의 의미를 강조하는 영화들이었던 것이다. 가족과 전통의 가치에 대한 강조는 경제 발전을 최우선 과제로 삼고 있는 중국 당국이 바라고 있는 바가 결국은 사회·문화심리의 안정임에 틀림없다는 사실을 보여준다. 그러므로 오늘날 중국에서 영화를 한다는 것의 의미는 내부로의 포용과 이탈이라는 대립구조 속으로 빠져드는 일이다. 또한 장위안[張元]처럼 최초의 제6세대 감독이라 불리는 사람조차 그 속으로 '포용'되고 있음을 볼 때 대륙 중국영화의 전망은 아직 불투명하다.

1997년 본토로 반환된 홍콩의 경우도 그 위기의 원인은 유사한 맥락에 놓여 있다. 근대의 시작과 더불어 영국에게 할양된 홍콩은 본토에 사회주의 정권이 들어선 1949년 이후에는 더욱더 자신의 정체성에 대해 고민해 왔다. 완전한 영국도 그렇다고 완전한 중국도 아니었던 사회적 고민을 가진 홍콩은 무협과 코미디라는 장르를 독자적으로 발전시키면서 오랫동안 자신만의 영화세계를 구축해 왔으며 아시아, 특히 한국에 대한 그 영향력은 실로 막강했다. 그러나 영국을 모델로 삼아 한 세기가 넘도록 지속되어 왔던 사회·문화적 체계는 본토로의 귀환이라는 새로운 환경 변화를 맞아 또 다른 의미의 정체성 혼란을 겪기 시작했다. 「화양연화 花樣年華」(1999)와 같은 왕자웨이의 멜로나 「소림축구」 같은 저우싱츠의 코미디가 여전히 홍콩영화의 버팀목이 되고는 있지만, 별반 다를 바 없는 스타일의 반복은 공식적으로는 1국가 2체제라고는 하지만, 실제적으로는 직·간접적으로 대륙 권력의 영향권 아래 놓이게 된 홍콩 사회의 새로운 욕망을 충족시키는 데에는 한계가 있어 보인다.

1980년대 이르러서야 '뉴 웨이브'를 일으키면서 영화다운 영화를 선보인 대만의 경우 역시 출구를 찾지 못한 채 방황하고 있다. 사실 뉴 웨이브라는 대만영화의 새로운 흐름은 허우샤오셴이라는 거장에 힘입은 바 컸다. 우리에게는 「슬픈 도시 非情城市」(1989)로 잘 알려져 있는 허우샤오셴은 특유의 미학적 장치인 롱 테이크와 프리즈 프레임 등을 십분 활용하고, 그동안 금기시되어 왔던 정치적 주제를 다룸으로써 전세계를 향해 대만에도 영화가 있다는 사실을 알려주었다. 대륙 중국의 견제로 인해 국제 사회에서 자신의 목소리를 거의 내지 못했던 대만 정부는 그의 영화가 국제 영화제에서 잇달아 수상하는 장면을 지켜보면서 영화야말로 대만의 국제적 위상을 드높일 수 있는 호재라고 판단, 적극적인 지원정책을 펼침으로써 영화발전을 꾀했다. 그러한 성과로 양더창[楊德昌]과 라이성촨[賴聲川] 등의 감독이 발굴되기도 했지만, 지나치게 정부의 정책에만 호응해, 국제 영화제에서의 수상을 염두에 두고 거장의 미학만을 뒤따랐던 대만영화들은 관객으로부터의 외면과 새로운 미학 창조의 좌절 등 진퇴양난을 거듭하면서 또 다른 대가의 등장을 기다리고 있는 상황이다.

대륙 중국과 홍콩, 대만의 영화 모두가 새로운 출구를 찾기 위한 모색의 과정에 서 있는 지금, 저마다 독특한 전통을 발전시켜 온 '삼중국 영화'가 새롭게 태어나기 위해서는 서로가 대화의 장으로 나서야 한다. 본토와 대만의 영화가 홍콩의 코미디나 무협을 받아들이고, 홍콩영화가 현실과 역사에 대한 진지한 고민을 받아들일 때 새로운 중국영화가 태어나게 될 것이다. 그것은 또 다른 의미에서는 '삼중국 영화'의 각 지역 내부에 이미 존재하고 있었으나 주류의 반열에 오르지 못한 채 그동안 소홀히 취급되어 왔던 비주류 전통을 복원하는 일일 수도 있다. 실제로 후진취안을 통해 대만영화의 무협 전통을 확인할 수 있고, 쉬안화를 통해 현실에 대해 고민했던 홍콩영화의 전통을 확인할 수 있지 않은가. 아울러 그 자체가 '삼중국 영화'의 출구를 찾아내는 지향점이 될 수 있을까 하는 문제와는 별개로, 지금까지 세 지역 어디에서도 시도되지 않았던 대형 블록버스터의 제작으로 중국영화의 새로운 흐름이 형성될 수도 있을 것이다. 블록버스터야말로 오랜 시간 동안 할리우드에 익숙해져 온 관객들을 극장으로 불러 모으는 가장 효과적인 방법이 될 것이기 때문이다.

바로 이 지점에서 등장한 영화가 「영웅 英雄」이었다. 작년 말 중국에서 개봉되어 우리 돈 수백억 원의 흥행 수입을 거둬들였다는 장이머우의 신작 「영웅」은 우리 관객들의 비상한 관심을 끌어 모았고, 곧바로 수입되어 1월 말 개봉했다. 첫 주만 해도 전국적으로 70만 관객을 동원함으로써, 「영웅」은 「북경자전거」로부터 비롯된 개인적 고민을 일거에 씻어주는 듯했다. 그러나 그 내면의 풍경이 그다지 낙관적이지만은 않다.

장이머우, 그 신화와 권력

제5세대의 신화

　보통 중국의 영화감독들에 관한 이야기를 하면 '세대'라는 말을 흔히들 쓰곤 한다. 아마 그 중에서도 제5세대라는 말이 가장 귀에 익을 것이다. 그러나 사실 '세대'라는 개념이 원래부터 존재했던 것은 아니다. 1980~1990년대 중국 사회에서는 자신들의 문화, 학술, 예술계의 역사를 뒤돌아보는 일련의 흐름이 있었다. 당시에 바로 이 세대라는 표현이 마치 유행처럼, 단지 영화계뿐 아니라 학술, 예술 혹은 문화계의 다양한 분야에서 쓰이기 시작했다. 어떤 이들은 세대라는 표현을 특정한 몇몇 사람이 창안해냈다고 주장하기도 하지만, 그런 주장을 전폭적으로 받아들이기에는 조금 무리가 있고, 지금 상황에서 누가, 언제, 어떻게 그 말을 쓰기 시작했는지 정확하게 알 수는 없다.

중국영화에서 세대라는 표현은 제5세대를 중심으로 사용되기 시작했다. 제5세대라는 말은 대체로 1978년도에 베이징 영화대학[北京電影學院]에 입학해서 1982년도에 졸업하고 1980년대 중반부터 창작활동에 뛰어든 감독들을 가리키는 말이다. 베이징 영화대학은 1966년부터 1976년까지 진행되었던 중국의 문화혁명 시절에는 문을 닫았다가 1978년에 다시 문을 열게 되는데, 이들은 그때 새롭게 입학을 했던 학생들이었고, 1982년에 제5회 졸업생으로 베이징 영화대학을 졸업하게 된다. '제5회' 졸업생이니 제5세대라고 불렀다는 설까지 제기되고 있는 실정이다.

제5세대라는 명칭이 생겨나고 나니까, 논리적으로 제4세대나 제3세대 같은 그 이전 세대에 대한 테두리를 규정할 필요가 생겼다. 그래서 거꾸로 셈을 하는 방식으로 제4세대, 제3세대, 제2세대, 제1세대와 같이, 중국 영화감독들에 대한 세대 규정을 하게 되었던 것이다.

세대를 나누는 방식에도 몇 가지 견해들이 있긴 하지만, 대체로 「정군산」이라는 최초의 중국영화가 제작된 해인 1905년부터 1931년까지를 제1세대라 본다. 1931년은 장스촨[張石川] 감독의 「가녀 홍모란 歌女紅牧丹」이라는 최초의 유성영화가 만들어진 해이다. 그 해부터 사회주의 중국이 수립된 1949년까지를 대체로 제2세대 감독의 활동시기라고 본다. 또 1949년 이후 사회주의 중국의 문예정책을 따라 작품활동을 한 감독들을 제3세대 감독이라고 부른다. 앞에서 언급했듯이 1966년부터 1976년까지는 암흑과도 같은 문화혁명의 시기가 도래하게 되고 어떤 이들은 이 시기를 세대 구분에서 제외하기도 하지만 이 시기에도 영화가 전혀 만들어지지 않은 것은 아니기 때문에 결국에는 제3세대로 편입시킬 수밖에 없을 것이다. 우리에게도 소개된 「부용진 芙蓉鎭」(1986)이나 「아편전쟁 阿片戰爭」(1997)을 만든 세진[謝晋] 같은 감독이 이 시기의 대표 주자이다. 제4세대는 문화혁명 이전에 이미 영화 공부를 하고 실제 창작을 준비하고 있다가 기회를 얻지 못하고 문화혁명이 끝난 1976년 이후부터 활동한 감독들을 가리킨다. 그러나 제4세대 감독들은 대체로 제5세대의 명성에 가려서 그다지 빛을 보지 못했다. 제5세대는 1983년 이후 활동한 감독들이고, 1990년대 이후에는 이른바 제5세대의 뒤를 잇는 제6세대 감독들까지도 등장해서 오늘날의 중국 현실에 대한 비판적인 독립영화들을 만들고 있는 상황이다.

제5세대 감독들 중에서 우리에게도 가장 잘 알려져 있는 감독은 아마도 천카이거와 장이머우일 것이다. 천카이거는 주지하다시피 「현 위의 인생 邊走邊唱」(1991), 「패왕별희 覇王別姬」(1993) 등과 같은 작품을 통해서 우리와 친숙해졌다. 그밖에도 「푸른 연 藍風箏」(1993)이라는 작품을 만든 톈좡좡[田莊莊] 같은 감독도 제5세대의 대표 작가라 할 수 있다. 그러나 뭐니 뭐니 해도 제5세대 하면 가장 먼저 떠오르는 감독은 바로 장이머우일 것이다.

장이머우는 1951년에 중국 산시성[陝西省]의 농촌에서 태어났다. 사실 천카이거하고는 베이징 영화대학 동급생이지만 베이징 영화대학에 입학원서를 낼 때 벌써 나이가 27살이었던 관계로 나이 제한에 걸려서 입학이 좌절될 뻔하다가, 당시 문화부 장관이었던 왕멍[王蒙]에게 문화혁명 때문에 10년을 허비했으니 입학을 시켜줘야 한다고 탄원을 한 결과 우여곡절 끝에 영화대학에 입학을 하게 된다. 영화에 대한 열정은 대단했던 듯하다.

장이머우의 본격적인 감독 데뷔작이 바로 「붉은 수수밭」이다. 1987년도에 이 영화가 제작된 이래 서양의 여러 영화제에서 수상을 하게 되면서 장이머우라는 이름이 알려지기 시작했다. 앞서 살펴보았듯 화면 가득한 붉은색의 이미지와 가마라든가 술 빚기라든가 하는 중국의 전통을 보여주는 다양한 소재들 그리고 일제의 침략이라는 근대 중국의 아픔들을 놀라운 형식미학으로 소화해낸, 거장의 탄생을 예고한 영화라고 할 수 있다. 뒤이어 「국두」「홍등」과 같은 작품들에서도 아름다운 색채미학과 전통 중국의 이미지들이 활용된다. 이 작품들에서 장이머우는 주로 여성과 성이라는 소재를 통해 근대 중국과 전근대의 중국이라는 주제에 대하여 발언하고 있다.

그러한 창작 경향이 바뀌기 시작하는 작품이 바로 「귀주 이야기 秋菊打官司」(1992)와 「인생 活着」(1994)이라 할 수 있다. (사실 '귀주 이야기'라는 제목은 영화의 원제가 잘못 번역된 대표적인 사례이다. '귀주'라는 말은 이 영화의 주인공인 '추국', 즉 추쮜[秋菊]라는 인물의 이름 표기인 'Qiuju'를 영어식으로 읽어서 생긴 오역이다. 따라서 이 영화의 제목은 사실 '추쮜의 소송 이야기'쯤으로 번역되어야 할 것이다.) 장이머우는 이 두 작품과 더불어 「상하이 트라이어드 搖啊搖, 搖到外婆橋」(1995)라는 작품을 통해서 단지 전통 중국의 소재적인 측면보다는 격동의 중국 근대사가 겪어 왔던 여러 아픔들을 그려내려고 노력했다. 「상하이 트라이어드」에는 마피아도 등장하고 「추쮜의 소송 이야기」에는 도시와 농촌의 갈등도 등장한다. 「인생」에서는 사회주의 중국 수립 이후 빚어진 수많은 비극들에 대한 이야기도 하고 있다.

이후 장이머우는 한 남자가 자기를 떠나버린 여인을 되찾기 위해 도시 한복판에서 벌이는 웃지 못할 코미디영화인 「좋게 말로 하자고 有話好好說」(1997)라는 작품을 만든다. 개인적인 생각이기는 하지만 이 작품은 장이머우 감독이 이전에 만든 그 어떤 작품보다 훨씬 영화적 완성도와 재미를 담고 있는 듯하다. 코미디라는 새로운 장르나 영화 전반을 끌고 가는 이야기 구조 등이 모두 그렇다. 아쉽게도 우리나라에 소개되질 않았지만.

1990년대 후반 장이머우는 「책상서랍 속의 동화 一個都不能少」(1999) 「집으로 가는 길 我的父親母親」(1999) 「행복한 시간 幸福時光」(2000)을 잇따라 선보였다. 가족의 가치를 강조하는 이 같은 작품들을 통해서 장이머우가 나름대로 어떤 변화를 추구하고 있는 것이 아닌가 하는 생각이 들게도 한다.

그밖에도 장이머우의 두 번째 작품인 「암호명 아메리칸 표범 代號美洲豹」(1989)이 있지만, 이 작품은 장이머우가 장펑량[張鳳良]과 공동으로 감독을 맡았던 데다 장이머우의 영화 중에서 유일하게 상업성이 가장 짙은 영화여서 자주 거론되지는 않는다.

이와 같은 과정을 거쳐 장이머우는 중국 영화계뿐 아니라 세계 영화계에서까지 대단한 거장으로 성장할 수 있었다. 그렇다고 해서 장이머우가 '거장'이기 때문에 우리가 그를 살펴보아야 한다는 옹색한 당위론적 접근을 내세우려는 것은 아니다. 장이머우에 대한 이해가 중국의 영화사를 이해하기 위한 필수적인 요건임에도 불구하고 그동안 정작 그에 대한 깊이 있는 관찰이나 분석은 제대로 이루어지지 못했기 때문이다. 마치 우리는 그를 잘 아는 듯하지만 실제로 그에 대한 자료를 축적해 오는 일에는 게을렀던 것이다.

「영웅」, 절반의 성공

지금까지 살펴본 장이머우의 필모그래피는 그 자신이 나름대로 추구해 왔던 스타일에 어떤 변화를 보여주고 있음에 분명하다. 그러나 그 변화는 단지 소재나 주제의 변화에만 그치지 않는다. 이러한 과정을 통해 장이머우는 영화 내부의 변화와 더불어 영화 바깥에서 또한 중국 문화권력의 주류로 편입되었다. 그는 2003년 2월 중국의 「남방도시보 南方都市報」가 선정한 2002년 중국의 '오락권력' 제1위의 '영예'를 안을 정도로 이미 스스로 권력화되고 말았다. 권력의 자장 속으로 빠져들어 간 장이머우의 영화는 더 이상 자신이 속한 사회에 대한 전망을 보여주지 못한 채 현실에 안주한다. 그 절정을 보여주는 작품이 바로 도농 간, 빈부 간의 모순을 끌어안고 가는 현실 속에서 체제와 구조에 대한 고민이 없이 개인의 낙관적 전망만이 대안이라고 주장하는 「책상서랍 속의 동화」라 할 수 있다.

그 이후 등장한 영화가 바로 「영웅」이었다. 최근작들이 보여주는 문제점들에 대하여 초기작이 가지고 있던 날카로운 문제의식과 재능을 안타까워하던 이들은 「영웅」의 등장이 어쩌면 장이머우를 새롭게 판단할 수 있는 근거를 마련해 줄지도 모른다는 막연한 기대감을 품고, 리안[李安]을 모방했다느니 철저하게 아카데미상만을 염두에 둔 작품이라느니 하는 풍문들이 말 그대로 풍문이기를 바랐다. 그러나 그 기대감은 「영웅」의 등장과 더불어 여지없이 무너져 내리고 말았다.

사실 「영웅」이 전혀 의미가 없는 영화라고 할 수는 없다. 앞서 말한 바와 같이 출구를 모색하고 있는 '삼중국 영화'에 대한 새로운 예시로서, 즉 본토와 홍콩, 대만 삼자가 이룩해 온 전통 사이의 대화를 시도한 의의는 충분히 긍정할 수도 있을 것이다. 마치 우리의 「쉬리」(1998)가 한국영화의 새로운 흐름을 선도하는 역할을 담당했던 것과 같이, 「영웅」이 '삼중국 영화'의 새로운 탐색과 흐름을 이끄는 계기로 작용할 수도 있다는 점에서 그 영화사적 의미를 단순화할 수 있다고 생각하지는 않는다.

중국의 영화업자들 사이에서는 벌써부터 「영웅」의 흥행 성적을 등에 업고 국산 영화를 내걸어도 망하지 않을 수 있다는 자신감에 들떠 있으며, 그러한 명분을 심어준 최초의 영화라는 평가까지 심심치 않게 터져 나오고 있다.

무협이라는 소재를 선택하여 대규모 예산과 장비를 들인 블록버스터로 제작된 「영웅」은 그러나 아쉽게도 '삼중국 영화'의 새로운 욕구를 충족시키기에는 매우 부족한 작품이라 아니할 수 없다. 그 원인의 핵심은 영화사적 입장에서 요구되었던 새로운 시도가 장이머우라는 감독에 의해서 진행되었다는 데에 있다.

냉혹하게 비판하면 장이머우는 사실 초기작부터 서사에 대한 부분적인 취약성을 보여왔다고 할 수도 있다. 「붉은 수수밭」의 이분된 서사와 「추쥐의 소송 이야기」의 반복되는 우연, 「책상서랍 속의 동화」에서 보이는 비현실적 서사 등이 그러한 예이다. 특히 최근작으로 오면서 서사의 취약성은 증폭되기 시작했다. 그러한 취약성을 보완할 수 있었던 요인은 바로 색채미학을 주요한 요소로 삼은 그의 독특한 미학적 장치들이었다. 「영웅」은 이러한 그의 뛰어난 장점과 단점이 동시에 녹아 있는 결정판이라 해도 과언이 아니다.

물론 때로는 과장되고 때로는 지나치게 차용에 의지한 무협 장면이 영화의 미학적 흠결이 될 수 있다는 사실을 인정하지만, 색깔을 바꾸어 가며 서사를 달리하는 형식과 동(動)과 정(靜), 칼이라는 직선과 자연 혹은 인간이라는 곡선이 조화를 이루는 미장센은 다시 한번 그의 놀라운 미적 감각을 보여준다.

　그럼에도 불구하고 이러한 미학적 효과를 제대로 뒷받침하지 못하는 영화의 서사 혹은 더 나아가서 세계를 인식하는 작가의 관점은 실망스럽다. 진(秦)이라는 강대국과 조(趙)라는 약소국 사이에서 벌어지고 있는 전쟁의 구조(노파심에 부언하면 전쟁의 구조는 이원 대립구조이자 생과 사의 갈등을 품고 있는 적대적 모순의 구조이다) 속에서 불현듯 '천하'라는 결과론적 가치를 화두 삼아 자신의 삶을 방기하는 결말 부분이야말로 이 작품의 서사가 가지고 있는 가장 큰 실수라고 하지 않을 수 없다.

　그러한 논리가 현재의 문제로 고스란히 적용된다면 대만과의 통일을 꿈꾸고 있는 대륙 중국이나 이라크와의 전쟁을 치른 미국 앞에서, 또 권력의 의지에 의한 '사해동포'와 '일통사상' 앞에서, 우리는 모두 '천하'를 되뇌며 각자에게 주어진 역사적 임무를 내던질 수밖에 없는 것이다.

　그러므로 장이머우의 신작은 권력을 향한 그의 지향이 더더욱 가속화되고 있으며 모순으로 가득한 오늘날의 중국이라는 땅에서 그가 서 있는 좌표가 어디인가를 분명하게 일러주는 '재승덕(才勝德)'한 영화일 뿐이다. 그러나 재주만으로 관객들을 설득할 수는 없는 일이다. 중국의 영화사는 이제 다시 새로운 작가의 탄생을 기다려야 할 때이다.

장이머우가 권력의 자장 속으로 빠져든 데에는 그럴 수밖에 없었던 사회주의 중국의 국가권력과 영화예술의 관계가 그 원류로서 작용하고 있었음 또한 부인할 수 없는 현실이다.

사회주의 중국의 국가권력과 영화

권력과 예술, 그 긴장과 화해의 이중주

20세기 중반 미셸 푸코는 권력의 문제가 단지 정치적 범주에만 속하는 것이 아니라는 깨달음을 가져다주었다. 그는 그 이후 권력의 문제가 '담론'을 통해 감옥이나 성(性) 등과 같은 미시권력을 통해 나타날 수도 있다는 사실을 발견함으로써 이른바 권력 개념의 확장을 가져왔다. 권력이라는 개념은 사회를 구성하는 각 분야와 다양한 현상들에 적용되기 시작했고, 현실 사회는 '권력'의 각축장이 된 듯한 양상으로 해석되었다. 전통적인 의미로서의 '국가권력'이 일방향적으로 그 '힘'을 행사한다는 인식은 다양한 권력 사이의 쌍방향적인 '힘'의 행사에 대한 인식으로 변모하였다. 다양한 권력들은 때로는 상호 의존하기도 하고 때로는 상호 대립하기도 하면서 긴장의 장을 형성한다. 물론 '국가권력'은 다양한 신생 권력들과의 관계를 형성하는 한 축으로 자리잡았다.

예술의 권력은 근대 이후 그 유통과정, 즉 창작(생산)과 수용(소비)을 아우르는 전 과정 속에서 다양한 형태로 자리매김 된다. 예컨대 문학의 경우 개별 작가의 입장에서는 등단에 관한 제도라든가 기존 문단에의 소속 여부라든가 하는 문제들이, 그리고 출판과 유통의 과정에서는 출판 여부의 결정 등에 관한 문제가 모두 '문학권력'을 형성하는 매개로 작용하게 된다. 그런데 이 예술의 속성 자체가 이를 수용하는 대중들과의 끊임없는 상호 대화를 추구하며 그들에 대한 영향력을 기저에 두고 있기 때문에, 근대 이후 '국가권력'은 법과 제도를 동원하여 예술에 대한 영향력을 행사하기 위한 노력을 계속해 왔다. 예술이 국가권력의 통제를 수용하든 그렇지 않든, 두 권력 사이에는 갈등과 긴장의 장이 형성될 수밖에 없었고 이로 인해 예술의 정체성 형성에도 상당한 영향을 받게 되었다.

다양한 권력이 상호 긴장을 형성한 장에서 국가권력의 역할을 탐구하는 노력은 대부분 언론이나 노동 등과 같은, 직접적으로 국가권력과 대립을 형성하는 사회적 요소들과의 관계 탐색에 기울어 있었다. 그러나 국가권력은 문학을 비롯한 문화 일반에까지도 정책의 결정과 집행, 이를 위한 법률의 제정, 제도의 규정 등을 통해 자신의 권력을 행사하려고 하며, 이를 통해 대중들에게 최종적으로는 '감성인식'적 방식으로 수용되는 문학에 대한 '이성인식'적 기획을 가지게 된다. 양자의 긴장관계를 해명하기 위한 초보적 작업은 우선 국가권력과 예술 사이의 긴장에 주목함으로써 그 영역에서 일어나고 있는 혹은 일어날 수 있는 다양한 대립과 화해의 가능성을 살펴보는 일에 관심을 두어야 할 것이다.

국가권력과 예술 사이의 긴장관계를 해명하는 작업은 물론 그에 대한 일반론적 인식을 필요로 한다. 그러나 국가 일반이라든가 문학 일반이라든가 하는 개념은 그 자체로 매우 추상적인 것이어서 특수한 현상을 해명하는 데 대한 상대적 장애를 초래할 수밖에 없다. 요컨대 탐구방식의 설정에 있어 이론을 가지고 현상에 대입하고자 하는 연역적(deductive) 방식을 채택할 경우, 이론과 현실 사이에는 불가불 괴리가 발생할 것이다. 따라서 기본적으로 이들에 대한 이론적 배경의 동원을 필수 불가결한 방식으로 인정하되 그러한 이론이 가능할 수 있는 현실적 예증을 선택할 필요성이 요구된다.

그 예증의 매우 구체적인 상황을 중국의 '무산계급 문화대혁명(無産階級文化大革命, The Great Culture Revolution of Proletariat)' 당시의 문예현상에서 포착할 수 있다. 즉, '문화혁명' 당시 문예권력에 대한 국가권력의 강력한 통제와 상호 협조가 어떠한 양상으로 드러났으며, 그것이 가능할 수 있었던 제반 원인과 사회·문화적 기제들은 무엇이었는가 하는 점들을 탐색하는 것이다. 그리하여 근·현대 중국의 국가권력이 문화권력과 상호관계를 설정하는 원류로까지 거슬러 올라갈 수 있을 것이다.

사회주의 중국의 권력관계, 그 원류를 찾아서

중국에서의 근대 국가는 1911년 신해혁명과 더불어 수립되었다. 그러나 신해혁명을 통해 수립된 중화민국(中華民國)은 곧바로 위안스카이[袁世凱]를 대표로 하는 수구 반대파에 의해 권력을 찬탈당하게 된다. 이로 인해 이후 근대 중국에서는 명실상부한 근대적 의미의 국가가 존재할 수 없었다. 여러 정치권력들 사이의 대결이 지속된 이후 1949년 사회주의 중국이 수립되고 나서야 이른바 근대적 의미의 국가가 자리잡게 되었던 것이다. 근대 이후 전쟁과 혁명, 운동의 역사가 시작된 기점을 1840년에 발발한 아편전쟁으로 설정한다면, 이는 약 100년 만의 일이었다. 따라서 근대적 의미의 국가권력과 문예권력의 상호관계를 탐구하기 위한 시도는 결국 사회주의 중국의 수립 전후로부터 시작되어야 할 것이다.

사회주의 국가의 권력을 장악한 중국의 공산당은 1921년에 창당되기는 했으나 극도의 혼란한 시기 탓에 정강과 정책을 이렇다 할 만큼 구체적으로 시행하지 못하다가 1934~1936년에 걸친 대장정(大長征)의 완수와 더불어 산시성[陝西省] 옌안 지역을 중심으로 한 이른바 '공산당 근거지[解放區]'를 확보하면서 당을 중심으로 한 정치권력(국가로서 수립되기 이전)을 본격적으로 행사하기에 이른다. 1940년대 초반 공산당 근거지에서는 일대 정풍운동(整風運動)을 거친 뒤 문예에 대한 정치권력의 강력한 요구가 등장하는데 이것이 바로 마오쩌둥[毛澤東]의 '옌안 문예좌담회에서의 연설[在延安文藝座談會上的講話]'로 표현되었다. 따라서 사회주의 중국의 경우 국가권력과 문예권력의 긴장의 장을 탐색하기 위해서는 그 원류인 1942년의 '옌안'으로까지 거슬러 올라가야 할 필요가 있다. 그 이후 양자의 관계는 대체로 네 시기에 걸쳐 부분적인 변화를 맞이하게 된다.

첫째 시기는 1936~1949년으로 공산당 근거지, 즉 옌안에서의 시기인데 이를 '원류기'라 부를 수 있다. 둘째 시기는 1949~1966년의 사회주의 중국 수립 초기로 '시험기'라 할 수 있다. 셋째 시기는 1966~1976년의 문화혁명 시기로 '통제기'라 부를 수 있다. 넷째 시기는 1976년부터 현재까지로 개혁개방 시기 혹은 '조정기'라 이름 할 수 있겠다. 사회주의 국가권력의 원형과 문예권력 간의 상호 연관성을 통해 그 원류를 파악하고 아울러 이를 현실적으로 시험했던 시기를 살펴보는 일은 사회주의 중국의 국가권력과 문화권력의 상호관계를 탐구하는 불가피한 노정일 것이다.

마오쩌둥은 혁명을 완수하겠다는 궁극적 목표를 달성하기 위해 문예를 이른바 '문화군대'로 변화시키는 데 관심을 가지고 있었다. '옌안 문예좌담회에서의 연설'은 그러한 그의 관심을 극명하게 보여주는 사건이었다. 이 '연설'은 1942년 5월 좌담회에서 발표된 이후 1년 5개월 만인 1943년 10월 19일에

「해방일보 解放日報」에 게재되면서 외부에 공개됨과 동시에 중국 공산당의 문예정책 방침으로 정착되었고, 그 이후 1978년 중국 공산당 제11기 3중전회에서 결정된 이른바 '사회주의 현대화 건설'의 정신에 따라 각 단체와 기관을 통해 여러 차례의 토론과 검토를 거쳐 1979년 10월 30일부터 11월 16일까지에 걸쳐 진행된 '중국 문학예술활동가 제4차 대표대회[中國文學藝術工作者第四次代表大會]'에서 새로운 문예의 방향을 설정하면서 '폐기'되기까지, 36년간 중국 문화정책의 기본으로 자리잡았다. '연설'의 기본적인 내용은 다음과 같이 요약될 수 있다.

　　첫째, 문예의 유일한 원천은 인민의 생활이다. 이른바 '인민'이란 노동자, 농민, 병사와 소자산계급을 가리킨다. 그러나 소자산계급은 노동자, 농민, 병사로 개조되어야 하므로 문예는 곧 노동자, 농민, 병사를 그려야 한다. 둘째, 작가는 노동자, 농민, 병사를 그림에 있어 먼저 반드시 그들의 생활로 들어가서 그들의 언어를 배우고 그들을 잘 알아야 한다. 이로써 작품은 '보급'될 수 있고 '제고'될 수 있다. 셋째, 작가는 마르크스 레닌주의의 세계관을 배워야 한다. 이로써 자산계급과 무산계급이 첨예하게 대립하고 있으며, 자산계급은 끝내 실패할 것이고 무산계급은 반드시 성공할 것이라는 사실을 분명히 인식하여야 한다. 자산계급과 무산계급은 적대적 투쟁의 상태에 놓여 있으며 이 투쟁은 승리 아니면 죽음뿐인 피나는 투쟁이다. 넷째, 작가는 무산계급의 입장에 서서 노동자, 농민, 병사의 대변인으로서 작품 가운데 적들의 결점과 반드시 실패하고야 말 그들의 운명을 폭로하고 노동자, 농민, 병사를 칭송해야 한다. 다섯째, 문예는 특정한 계급에 속한 것이다. 무산계급 문예는 전체 혁명활동의 일부분이다. 공산당은 무산계급의 대변인이므로 전체 혁명 가운데 놓인 당의 문예활동의 지위는 이미 확정되었다. 여섯째, 문예비평의 기준은 정치 기준이 그 첫 번째이며 예술 기준은 두 번째이다. 일곱째, 다만 계급의 인성과 사랑만이 있을 뿐 계급을 초월하는 인성과 사랑은 없다.[11]

이를 다시 축약하면 이른바 '신문화'를 실천적으로 일궈왔던 지식인의 소자산계급적 속성과 서구화된 문예양식에 대한 비판이라고 할 수 있다. 이는 5.4 신문화 운동의 주요 기준 가운데 하나인 서구적 문화양식을 부정하고, 중국 대중의 요구라는 새로운 기준을 제시한 것이었다. 물론 이는 전쟁문화라는 특수한 상황이 빚어낸 산물임을 인정하지 않을 수 없다. 이러한 정치권력 규범의 단일화 작업은 마오쩌둥의 『신민주주의론 新民主主義論』 『모순론 矛盾論』 『실천론 實踐論』 등의 저술을 통해 정치, 철학, 문화 등 각 분야에 걸쳐 이루어지고 있었다.

이처럼 사회주의 원류 시기에 문화권력으로 내면화된 정치권력은 마오쩌둥의 '연설'을 중심으로 한 축을 형성하였으나

(창작 실천에 있어서는 자오수리[趙樹理]를 예로 들 수 있다), 후 펑[胡風]의 '주관전투정신론'이나 량스추[梁實秋]를 대표로 하는 '전쟁무관론' 또는 주광첸[朱光潛]이나 선충원[沈從文] 등을 대표로 하는 예술 미학 자체의 순수성에 대한 강조 등이 또 다른 대립축을 형성하고 있었다. 이 자체가 이미 정치(혹은 예비 국가)권력과 문예권력의 긴장을 보여주는 현상이었다. 그러나 정치권력은 이들에 대한 강력한 숙청, 제거 작업을 통해 단일화된 규범을 유지, 고착화해 간다.

사회주의 중국이 수립된 이후에는 본격적으로 문화권력에 대한 국가권력의 요구가 체계화된다. 그럼에도 불구하고 1960년대 중반까지는 양자 사이에 지속적으로 긴장 국면이 형성되고 있었는데 이를 극복하기 위한 방식으로 국가권력은 이른바 '쌍백방침[百花齊放 百家爭鳴, 1956]'의 실시, '반우파 투쟁(1957)' 등을 통해 문화권력을 내면화하고, 이후 '대약진 운동(1958)'이라는 전 국민적 목표를 제시함으로써 국가권력의 의지를 강화시켰다. 이 과정에서 문예에 대하여 '연설'로 대변되는 국가권력의 기본 정신이 일관되게 자리잡고 있었음은 물론이다.

중국의 문화혁명과 영화예술의 정체성

사회주의 국가권력을 공고히 하기 위한 노력은 급기야 1966년 문화혁명의 발발로까지 이어진다. 이는 사회주의 권력에 의한 단일한 문예의 장을 형성하게 되는 본격적인 기폭제였다. 이 사건이 1961년 1월 베이징에서 공연된 「해서의 파관海瑞罷官」이라는 연극으로부터 비롯되었다는 점은 매우 의미심장한 원형적 의의를 지닌다. 연극 한 편을 두고 전국적인 규모의 정치운동으로 확대시킨 정치권력은 유난히도 문학과 예술에 민감한 반응을 보였다. '사인방'으로 대표되는 문화혁명의 주도자들은 사회주의 중국 수립 이후의 문예까지도 전면 부정하는 문예이론을 체계화했고, 오로지 정치권력에 예속된 문예를 요구하였다. 결과적으로 문화혁명의 시기에는 극소수의 창작 결과만을 형성할 수밖에 없었고, 그것도 대부분 이른바 모범극[樣板戲]과 모범영화[樣板電影]라는 공연·상영예술의 분야에서만 이루어졌다. 그리하여 이 시기의 문예는 절대적인 정치권력에 의해 형성되고 유지되었고, 천쓰허[陳思和]의 표현을 빌리자면 '잠재된 상태'의 대립적 문예가 비공개 형태의 '지하 문예'로 존재할 수밖에 없었다.

따라서 문화혁명 이후 문예의 장을 형성함에 있어 국가권력이 어떠한 방식으로 개입했는가에 대한 문제를 검열을 중심으로 한 문예정책의 형성 및 실천과정과 그 근거로서 문예이론의 특징, 모범극과 모범영화를 중심으로 한 실제 창작의 구현 상태 등을 살펴볼 필요가 있다. 이는 국가권력이 다양한 문예양식 가운데에서도 공연예술에 주목한 까닭, 교조적 문예이론이 공연예술에 적용되는 양상, 문예권력에 대한 국가권력의 강력한 억압과 내면화가 궁극적으로 지향했던 목표, 국가권력의 요구에 대하여 문예권력의 대립/의존구도 형성의 방식 등을 더욱 잘 해명하는 길이 될 것이다.

문화혁명은 극좌적 정치권력에 의한 일종의 '동란(動亂)'이라고 규정되는 바, 문예를 권력 유지와 사회 통제의 수단으로만 파악하려는 도구론[功利論]에 매몰되어 있던 절대 권력의 억압은 극좌적 교조주의에 따른 문예를 필요로 했다. 예술 창작의 원칙과 미학성은 교조적인 문예이론으로 대치되었다. 이 시기에는 사회주의 수립 직후의 문예까지도 모두 부정할 만큼 오직 정치권력에만 예속된 문예만이 요구되었다.

특히 '사인방'으로 대표되는 문화혁명의 주도자들은 '문예흑선독재론'과 '근본과업론' '삼돌출 원칙' 등의 문예이론을 체계화하였다. 1966년 2월, 장칭[江靑]은 린뱌오[林彪]의 위탁으로 상하이에서 이른바 '부대문예사업 좌담회'를 거행하였는데, 20일 동안 진행된 좌담회에서 이른바 '린뱌오가 장칭에게 위탁하여 거행한 부대문예사업 좌담회 요지기록'이 제기되었다. 이 '기록'의 핵심이 바로 '문예흑선독재론[文藝黑線專政論]'인데, 이것은 사회주의 중국 수립 이후의 문예 현상에 대한 부정이 주요 목적이었다. '기록'은 그간의 문예계에 대해 다음과 같이 평가하였다.

당의 방침을 기본적으로 집행하지 않았으며 마오쩌둥의 사상과 대립되는 반당, 반사회주의의 흑선이 독재하였다. 이 흑선은 바로 자산계급의 문예사상, 현대 수정주의의 문예사

상과 이른바 1930년대 무예의 결합이다.……문화전선에서
의 사회주의 대혁명을 굳세게 진행하여 이 흑선을 철저히
부숴야 한다.

이들은 사회주의 중국 수립 이후 문예이론을 '흑선이론'이
라 규정하고 부정하였으며 이들이 '자산계급, 현대 수정주의
문예사상의 역류'에 의해 통제되었다고 주장하면서 연구할 만
한 가치가 있는 문예이론들(예컨대 '진실의 서사'론, '리얼리즘
의 광활한 길'론, '리얼리즘 심화'론, '제재결정 반대'론, '중간인
물묘사'론, '화약 냄새 반대'론, '시대정신 화합'론, '교리반대'론
등)을 문예흑선의 대표적인 이론들이라고 치부하였다.

이러한 '문예흑선독재론'은 국가권력을 장악한 이들이 문
예권력까지도 장악하기 위한 목적에서 등장한 것이다. 아울러
문예권력에 대한 통제를 통해 자신들의 국가권력 장악을 더욱
공고히 하려고 하는 의도도 내재되어 있었다. 즉, 문화권력에
대한 국가권력의 요구가 '문학예술' 그 자체에 대한 목적뿐
아니라 국가권력의 공고화라는 최종 목적을 위해 시행되는 상
황이 빚어진 것이다. 그러한 점에서 중국의 경우 '기록'을 통
해 '문예흑선독재론'을 제시한 것은 린뱌오와 장칭 등이 반당
연맹을 만들어 문예계를 돌파구로 삼아 국가권력을 장악하겠
다는 선언이었던 셈이다.

'근본과업론'은 이러한 문예이론 체계에서의 핵심적인 관
점이다. '기록'은 "노병의 영웅인물을 형상화하는 것은 사회주

의 문학예술의 근본적인 과업이다"라는 이론을 정식으로 제기했다. 이로부터 이 명제가 문예창작의 출발점과 문예비평의 근본적 기준이자 문예사업의 '생명선'으로 절대화되었다. 이후 장칭 등은 국가권력의 요구에 따라 주자파(走資派)와 투쟁하는 영웅인물을 형상화하는 것을 문학예술의 '근본과업'으로 내세웠다.

'삼돌출 원칙'이란 린뱌오와 장칭 등을 대표로 하는 국가권력이 '근본과업'을 실현하기 위하여 제시한 창작기법이다. 즉, 모든 인물형상 가운데서 긍정인물을 '돌출'시키고, 긍정인물 가운데서 영웅인물을 '돌출'시키며, 영웅인물 가운데서 다시 주요한 영웅인물을 '돌출'시킨다는 것이다. 이러한 창작기법에 따르면 문학예술에 등장하는 모든 인물은 영웅인물을 부각시키는 데 봉사하여야 하며 '제1호' 영웅인물은 반드시 고상하고[高], 완전하며[全], 위대하여야[大] 한다. 그 출발점이 높아야 하고 성장과정이나 결점이 드러나서는 안 되며 언제나 영웅인물이 무대의 중심을 차지하여야 한다는 이론이다.

교조주의적 문예이론에 따라 정치권력의 검열과 억압 속에서 단일한 문예의 장을 형성하여 권력 유지의 도구로 이용당할 수밖에 없었던 당시 문예는 이러한 도구적 기능을 충족시키는 데 유리한 공연, 상영예술 분야의 작품들을 대거 창작하였다. 특히 사인방 가운데에서도 장칭은 문화혁명 이전까지의 연극과 전통 희곡 전반을 철저하게 비판하고 부정하였다. 그는 무수한 연극 극단이 존재하고 있지만 실제 공연되는 희곡

들은 대부분 제왕과 장군, 고관대작, 학자, 재자가인, 괴물과 미신 등으로 가득 차 있어서 사회주의적 개혁의 방해물일 뿐이라고 주장하였다. 아울러 연극이 현실과 동떨어진 고전적이고 이국적인 분위기만을 추구하고 있다고 비판하면서 이러한 속성에 함몰되어 있는 중국 연극과 희곡은 더 이상 사회주의 중국의 발전에 기여할 수 없다고 주장하였다. 이 역시 문학예술을 통해 국가권력을 공고히 하려는 논리에 다름 아니다. 따라서 주제와 형태, 극본의 구조, 연출과 연기의 관행 등 모든 면에서 철저한 개혁이 필요하다고 주장하였다.[12]

1967년 장청은 공연예술 전반에 대해 혁명현대경극(革命現代京劇) 5종, 혁명현대무극(革命現代舞劇) 2종, 교향곡(交響曲) 1종의 총 8가지의 모델을 제시하였다. 장청의 추종자들은 모델이 제시됨에 따라 즉시 '신극(新劇)'을 등장시켰는데 이는 전통적인 희곡을 '옌안 문예좌담회에서의 연설'이 제시하고 있는 사회주의 리얼리즘의 원칙에 맞추어 대폭 수정하고 변화시킨 경우가 대부분이었다. 이러한 '신극'은 이른바 '모범극[樣板戲]'이라 불렸는데 그 구체적인 작품은 현대 경극 「사자방 沙家浜」 「홍등기 紅燈記」 「웨이후산을 꾀로 얻다 智取威虎山」 「항구 海港」 「바이후단을 기습하다 奇襲白虎團」, 발레극 「붉은 낭자군 紅色娘子軍」 「백모녀 白毛女」 그리고 교향음악 「사자방 沙家浜」 등이었다. 그 내용은 국·공내전 당시의 영웅적 전투, 반정부적 노동자 태업의 해결과정, 한국전쟁에서의 무용담, 중일전쟁의 무용담과 친일파 척결 사례, 중일 게릴라전에서 무공을 세운 평범한 철도 노동자 이야기 등이 주를 이루고 있었다. 그러나 국가권력은 교조적 문예이론에 충실히 기반하여 창작된 '혁명 근대모범작품'에도 만족하지 못하고, 영화의 위력을 빌어 더욱 전국적으로 그 영향력을 확대하고자 하였다. 그리하여 1970년대 초반까지 8편의 '모범극'이 모두 '모범영화'로 다시 제작되었다.

이러한 현상에 대한 고찰은 결국 다음과 같은 물음과 깊이 연관되어 있다. 첫째, 국가권력이 다양한 문예양식 가운데에서도 공연, 상영예술에 주목한 까닭은 무엇인가? 둘째, 교조적 문예이론이 공연예술에 적용되는 양상은 어떠하였는가? 셋째, 문예권력에 대한 국가권력의 강력한 억압과 내면화가 궁극적으로 목표로 삼은 바는 무엇인가? 넷째, 이러한 국가권력의 요구에 대하여 문예권력은 어떠한 방식으로 대립/의존구도를 형성하는가? 그 가운데에서도 국가권력의 요구에 대한 문예권력의 대립/의존구도는 매우 흥미로운 방식으로 나타난다.

첫째는 당시 국가권력의 한 축을 형성하고 있었던 마오쩌둥과 저우언라이[周恩來] 등을 대표로 하는 이들과의 투쟁을 통해 나타났다. 즉, 문예권력과의 긴장이 국가권력 내부의 긴장으로 전화하는 양상을 보인 것이다. 구체적으로 1972년 마오쩌둥이 한 배우와의 담화에서 '모범극' 등으로 제한되어 있는 당시 소수 극작품을 비판하며 문예창작을 번영시키라고 요구하였으며, 1973년에도 저우언라이 등이 이를 다시 강조하였던 것이다. 아울러 특정 영화(「창업」「해하」)를 둘러싼 마오쩌둥, 저우언라이와 장칭을 대표로 하는 '사인방' 사이의 긴장 또한 그 예가 될 수 있다. 그리고 당의 문예정책을 조정하는 데 대한 마오쩌둥과 장칭 간의 갈등도 예로 들 수 있다.

둘째는 국가권력과 문예권력 사이의 본격적인 긴장/대립이었다. 이는 우선 저항문예의 창작으로 현실화되었다. 대표적인 예로 작가 장즈신[張志新]은 류샤오치[劉少奇]를 옹호하는 저항시를 창작했다는 이유로 옥고를 치른 뒤 최후를 마쳤다. 문예권력의 저항은 문예평론을 통해서도 나타났다. 쌍웨이촨[桑偉川]은 『상하이의 아침』이라는 작품에 대한 국가권력의 모함을 논박하였고, 자오윈룽[趙雲龍]은 장칭 등의 '근본과업론'에 대한 다른 견해를 발표하는 등 저항의 자세를 취했다. 특히 공연예술 분야에서는 리춘광[李春光]이 영화 「창업」에 대한 비판적 자세를 고수한 국가권력에 도전함으로써 문화권력과 국가권력의 긴장관계를 형성하였다.

결론적으로 이 시기 문예는 전반적으로 강력한 '힘'을 가진 국가권력의 요구에 따르고, 또 그것에 의존하는 구도를 보였으며, 그러한 양상이 대체로 연극과 영화 분야로 실현되었다. 그러나 국가권력에 대한 대립구도를 형성하고자 하는 시도는 국가권력 내부의 긴장에 의해 더욱 다면적으로 표출되었으며, 문화권력 내부의 시도는 강력한 국가권력의 '힘'에 의해 좌절되고 말았다.

그러나 문화대혁명이라는 10년의 재난이 끝나고 새로운 시기가 시작된 이후 이 같은 구도는 서서히 변화하기 시작했고 그에 힘입어 제5세대 감독이 등장했고 급기야는 그 뒤를 이는 새로운 세대의 탄생까지도 목도할 수 있게 되었던 것이다.

중국영화가 걸어갈 길

주지하다시피 제5세대 감독들은 문화혁명의 상처를 온몸으로 고스란히 겪으면서 자란 세대였다. 1950년을 전후하여 태어나고 중·고등학교 시절 문화혁명을 겪으면서 때로는 홍위병으로 때로는 변방의 농촌으로 하방(下放)되었던 개인적 경험은 분명 스스로 극복해야만 했을 트라우마(trauma)일 수밖에 없었다. 그러나 그와 같은 주제 의식을 표현하는 방식은 대부분 극도의 은유와 강렬한 형식미학에 의존하고 있었다. 그리하여 시간적으로는 1930년대 혹은 그 이전까지도 거슬러 올라가며, 공간적으로는 주로 농촌이나 변방 그 어디쯤의 변두리로 흘러간다. 과거에 대한 회고는 있되 그에 대한 치열한 비판은 진한 색채와 화면의 분할 뒤로 은폐되었고, 그 과거로부터 연유했을 현재에 대한 직설은 찾아보기 어려웠다. 물론 이러한 특징들조차도 분명 그 이전 세대와는 확연하게 구별되는 점들이기는 했다.

그러나 제5세대 영화에 나타난 상징과 은유로 점철된 중국의 면면은 영화라는 예술을 통해서는 한 번도 중국을, 아니 죽의 장막에 가려져 있는 동안만큼은 그 어떤 매개를 통해서도 중국이라는 그 장구하고도 신비로운 시간과 공간에 대해서 별반 접촉을 가지지 못했을 서양의 클래식(classic) 애호가들의 취미와 맞아떨어짐으로써, 수많은 박수갈채와 영광스러운 트로피를 통해 전지구적 보편성(또는 서구적 보편성)을 획득할 수 있었던 것이다.

제5세대가 한창 자신들의 주가를 올리고 있을 무렵, 1990년대에 들어서면서 중국 영화계에는 일군의 색다른 작가들이 등장한다. 그것은 서구에서의 갈채와 텍스트 자체가 내재적으로 가지고 있었던 내외적 특징들 그리고 어떤 방식으로든 영화를 계속 만들어야 했던 감독 자신들의 욕망이 뒤엉켜, 제5세대가 사회주의 정부와의 불화를 청산하고 본격적인 중국영화의 중심 혹은 주류로서의 기득권을 확보해 가던 즈음이었다. 제5세대의 뒤를 이어 새로운 영화적 성찰을 가지고 등장한 이들은 물론 제5세대들의 베이징 영화대학 직계 동문 후배들로서 대부분 1989년에 대학을 졸업하고 현장에 뛰어든 이들이었다. 예술의 역사가 증명하듯, 아니 중국 문예의 역사가, 중국의 영화사가, 제5세대 자신이 증명했듯, 주류가 되어버린

예술, 창조와 실험과 저항을 상실한 예술은 새로운 창조와 실험 그리고 그 자신에 대한 저항에 직면하게 되고야 마는 것일까? 제6세대 작가들은 공교롭게도 그들이 졸업하고 현장에 뛰어들던 그 해에 제5세대와는 또 다른 방식으로 천안문을 경험한다. 그러나 자신들의 윗세대는 여전히 현실에 대해, 천안문과 베이징에 대해서 말하지 않고 있었다. 그리하여 제6세대는 그들 스스로의 문법으로 영화를 만들기 시작했던 것이다.

제5세대의 뒤를 이어 나타난 그들은 자연스럽게 제6세대라 불리기 시작했다. 그런데 '세대'라는 개념 자체가 분명 이전 세대와의 단절을 전제로 하면서도, 동시에 역사적 계승이라는 의미도 내포하고 있음을 생각해 보면, 제6세대라는 명명은 '포스트 제5세대'로서의 새로운 시작임과 동시에 중국 영화사라는 거시적(혹은 통시적) 맥락 안에서 그 좌표를 설정하고 있는 개념이다. (그런 의미에서 최근에는 '제6세대'라는 명명보다 '신세대[新生代]'라는 명명을 자주 쓰기도 한다.) 그런데 이러한 맥락에 제동을 걸고 나선 감독이 바로 자장커였다. 그는 격렬하게 제5세대의 '변절'을 비난했다.

동세대 감독들에 의해서도 "독립영화에 대한 자의식을 갖고 있는 유일한 감독"이라고 칭송받는 자장커는 그리하여 지금 중국영화의 최전방에 서 있다. 그는 '독립'하고 싶은 욕망을 숨기지 않는다. 그 '독립'은 그 자신이 만들어내는 영화 텍스트가 '독립'하는 것을 의미하기도 하지만, 자신의 윗세대인 제5세대부터로의 '독립'이며, 더 나아가 이미 일부 타협적인 모습을 드러낸 동세대 작가들로부터의 '독립'이고, 세대라는 개념으로 중국 영화사를 재단하려는 기존 관습으로부터의 '독립'이다. 그리고 그 속에는 '세대'라는 명명 자체가 제5세대를 위해 바쳐짐으로써 여러 세대 중에서도 근원적으로 '제5세대'라는 명명이 가장 빛나는 영광의 칭호로 등극했다는 데 대한 인식이, 또한 '세대'라는 명칭을 수용했을 경우 그들의 자장에서 벗어나지 못한 채 단지 그들의 뒤를 이어갈 수밖에 없을 뿐이라는 회의가 전제되어 있다. 따라서 그의 발상은 세대론적 관점으로 중국 영화사를 '역산'하려는 방식에 대한 부정이며 도전이고, 혁명이자 전복인 셈이다. 그의 방식대로라면 세대론이 끝나는 지점에 이르러 중국의 영화사는 다시 씌어져야 하는 것이다. 그리고 그 새로운 역사는 바로 '독립영화 1세대'로부터 시작될 것이다.

제6세대 작가들은 1990년대 중반에 들어서 활동을 시작했는데 이들은 대부분 1985년도에 베이징 영화대학에 입학하여 1989년 천안문 사태가 일어났던 해에 졸업한 이들이었다. 장위안, 왕샤오솨이, 러우예, 후쉐양[胡雪揚], 관후[管虎], 허이[何一], 루쉐창[路學長], 왕뤼[王瑞], 리신[李欣], 장밍[章明] 등이 먼저 활동을 시작했고 1990년대 후반에 장양, 스룬주[施潤玖], 진천[金琛], 자장커 등이 제6세대의 대열에 합류했다.

앞서 말했던 바와 같이 제6세대 영화의 특징은 대체로 제5세대와의 비교를 통해 귀납된다. '젊은 남녀의 사랑과 도시 공간'은 제5세대 영화의 '역사에 대한 회고와 향토적인 공간'과

대조를 이룬다. 제5세대는 역사라는 둘레를 선택했지만 그들은 현실이라는 둘레를 선택했다. 제5세대는 이데올로기라는 신화를 깨뜨렸지만 그들은 '집단'이라는 신화를 깨뜨렸다. 그리하여 제5세대의 이야기는 집단 계몽의 서사였지만 그들의 이야기는 개인의 자유로운 서사였다.13)

그들은 드디어 오늘, 여기, 우리의 문제를 다루기 시작했다. 자신의 선배 세대가 과거로만 회귀하고 농촌으로만 도망치고 있을 때(장이머우의 「추쥐의 소송 이야기」와 같이 제5세대가 간혹 오늘 중국의 모습을 그려내기는 했지만 그들은 결코 베이징으로 진입하지는 못했다) 그러한 은유와 상징에 대한 도전이자 직설로서 천안문 사태 이후를 살아가는 젊은이들의 이야기를 하기 시작했다. 자장커의 「소무」 또한 그러하다. 사회주의 중국에서 '소매치기'라는 인물의 설정은 그 자체로 얼마나 저항적인가! 따라서 이 영화는 제6세대가 스스로 자신의 정체성을 모호하게 변주하면서 최면에 익숙해져 갈 무렵에 등장한 새로운 각성이자 새로운 발견인 셈이다.

그런 의미에서 제6세대의 정체성을 규명하기 위해서는 또다른 측면에서 대립각이 설정될 수밖에 없다. 바로 권력의 문제이다. 오늘날 중국에서 영화를 한다는 일은 여전히 권력 혹은 정책에 대한 저항을 의미한다. 그들의 사회가 직면한 수많은 문제들에 대한 직설적인 언급은 여전히 허용되지 않으며 사회에 대한 비판은 곧 권력에 대한 저항으로 해석된다. 이런 상황에서 제6세대 작가들이 선택할 수 있는 폭은 매우 좁다.

앞서도 언급했듯이 그들이 영화를 계속하는 방식은 권력과 적절히 타협하든지, 아니면 끝까지 그들의 감시를 피해 비밀리에 지하로 숨어들든지, 해외로 도피하든지이다. 그런데 그 어느 것도 찾기 쉬운 출구가 보장되어 있는 것은 아니다. 권력과 타협하게 되면 그들은 생명과 자존을 상실할 것이며, 지하로만 숨어든다면(배가 고파야 아름다운 시가 나온다는 예술 창작의 법칙을 들먹인다면 어쩔 수 없는 일이지만) 너무 가혹한 대가들을 치러야 할 것이다. 해외로 도피하는 것은 그들 스스로 전 세대의 행보를 답습하는 것이며, 그것을 뛰어넘을 수 있는 어떤 장치들이 마련되지 않고는 별반 의미가 없어 보이는 일인 듯하다. 그런 의미에서 지금 제6세대를 이야기하는 일은 곧 중국영화의 전망을 이야기하는 일이다. 매우 다양한 매개 변수가 개입될 수밖에 없겠지만, 제6세대가 미래의 중국영화에 관해 우리에게 어떤 이야기를 하는지를 살펴야만 할 것이다.[14]

그렇다면 앞으로 중국영화는 어떠한 모습으로 펼쳐질 것인가? 사실 1990년대 이후 중국영화가 이렇게 전세계적으로 관심을 끌기 시작한 데는 다만 중국영화뿐 아니라 인도나 이란, 한국영화 등 아시아 권역의 영화들에 대한 관심이 동반 상승하고 있기 때문이기도 하다. 중국영화의 미래가 어떻게 펼쳐질 것인가에 대해서는 아무도 장담할 수 없겠지만 그다지 비관적이지만은 않은 요소들이 내재되어 있다. 그 첫 번째 근거로 우선 앞서 말한 젊은 패기를 지닌 제6세대 감독들의 활약을 들 수 있을 것이다. 그러나 그밖에도 중국의 영화사는 우리에게 또 다른 근거들을 선물한다.

우선 중국은 아시아의 그 어느 나라보다도 영화라는 예술을 빨리 받아들였다. 중국에서 영화가 공식적으로 상영된 것은 1895년 12월 28일 파리에서 뤼미에르(Lumière) 영화사가 만든 10편의 '활동사진'이 처음으로 대중들 앞에 공개된 지 만 1년도 채 되지 않은 이듬해 8월 11일의 일이었다. 중국에서의 영화 상영 역시 뤼미에르사에 의해 주도되었는데, 이는 국제적인 개방 도시 상하이가 있었기 때문에 가능한 일이었다. 이로써 상하이는 이후 중국 영화계의 중심 도시로 부상할 수 있었다. 그리고 약 9년 뒤인 1905년 최초의 중국영화인「정군산」이 제작되기에 이른다. 이러한 사실들은 중국의 영화전통이 서양의 그것과 거의 맞먹을 정도의 시간적 연원을 가지고 있음을 상징적으로 보여준다. 이렇게 오랜 중국영화의 전통은 분명 중국영화의 앞날에 풍부하고도 다채로운 경험들을 제공할 수 있을 것이다.

또한 영화를 '이야기하기'의 예술이라고 할 때 그 이야기의 소재와 내용을 담아내는 측면에서 중국은 유구한 전통을 가지고 있다. 『삼국지 三國志』나 『서유기 西遊記』처럼 나라와 민족을 뛰어넘어 공유되는 이야깃거리는 물론이고, 5천 년 전부터 이어온 수많은 신화와 전설, 서사시와 소설, 연극의 대본과 우화 그리고 다양한 소수민족의 설화 등은 글자 그대로 풍요롭고도 무궁무진한 영화의 소재를 제공할 보고인 것이다. 얼마 전에는 디즈니에서조차 자신들의 진부한 소재와 내용을 만회해 보고자 중국의 이야깃거리를 빌어 「뮬란 *Mulan*」(1998)을 만들어내지 않았던가.

「뮬란」의 원작이 바로 위진남북조(魏晉南北朝) 시대의 서사시인 「목란사 木蘭辭」에서 비롯된 것임은 이미 널리 알려진 일이다. 더구나 아직도 그러한 이야깃거리들이 곳곳에 숨어 있기 때문에, 이야깃거리를 찾아 헤매는 이들에게 중국의 전통문예 텍스트는 더 할 나위 없는 어장이 될 것이다.

그리고 비록 중국영화에서만 나타나는 특징은 아니라 하겠지만, 중국영화는 다양한 예술 장르의 전통들을 섭렵하여 받아들였다는 점에 있어서도 그 탄탄한 전통의 밑받침을 확인할 수 있다. 그 중에서도 경극(京劇)을 비롯한 고대로부터 이어온 중국의 연극전통은 중국영화의 미학적 형식과 주제 의식 등의 측면에서 많은 경험들을 제공해 주었다. 이른바 제1세대, 제2세대라고 불리는 감독들, 예컨대 정정추[鄭正秋]나 장스촨 등과 같은 이들이나 톈한[田漢], 홍선[洪深] 등과 같은 초창기 중국영화의 시나리오 작가들은 모두 중국 현대 연극사에서도 그 굵직한 이름을 확인할 수 있는 이들이다. 비록 전통극과 현대극이 서로 다른 특징을 가지고 발전하기는 했지만, 그 속에서 보이는 저마다의 미학적 특징들은 중국영화가 발전해 오는 데 크게 이바지하였고, 앞으로도 그러할 것이다.

다양한 예술 장르의 전통을 받아들였다는 측면에서 중국영화는 또 하나의 독특한 특징을 일구어냈다. 그것은 바로 중국

영화가 다양한 장르들을 가지고 있다는 점이다. 워낙에 중국의 예술 장르들은 음악이나 미술, 문학 등에 이르기까지 서로가 명확하게 구분되지 않고 엇섞여 있기를 좋아했는데, 영화라는 예술 역시 그러한 전통을 받아들인 탓인지 노래극 영화, 전통극 영화, 목각인형 영화, 그림자극 영화, 애니메이션, 수채화 애니메이션, 전지(剪紙)예술 영화, 인형극 영화 등 서양에서는 쉽게 찾아볼 수 없는 다양한 영화의 장르들을 일찍부터 개척해 왔다. 비록 일부 장르들은 아직까지 예술적으로 뛰어난 수준에 오르거나 안정적으로 정착되지는 못했지만, 이러한 상황은 분명 중국영화의 앞날에 중요하고도 소중한 밑거름이 될 것이다.

중국영화의 낙관적 전망과 관련하여 다시 한번 언급하고 싶은 특징은 중국은 '하나'가 아니라는 사실이다. 그래서 어찌 보면 중국영화라는 개념은 대단히 모호할 수도 있으며 그리하여 중국영화라는 의미의 그물 속에는 대륙 중국영화, 홍콩영화, 대만영화라는 세 개념이 뒤섞여 있다는 점은 이미 언급한 바와 같다. 1949년 사회주의 중국의 수립으로 말미암아 분명하게 구분되기 시작한 세 중국의 정치, 사회, 문화적 환경은 저마다 독특한 스타일의 영화를 만들어내는 역할을 담당했다고 할 수 있다. 이렇듯 중국영화는 1949년 이후 확실하게 시작된 지역분화의 토대 위에서 저마다 서로 다른 장르와 서로 다른 이야기들을 엮어냄으로써 그 자체로 다양한 구조들을 담아내고 있기에, 이 또한 중국영화의 앞날과 관련한 소중한 특성으로 파악될 수 있을 것이다.

　그러나 중국영화가 이러한 낙관적 전망을 제대로 현실화하기 위해서는 먼저 그 장애 요인들을 극복해야만 한다. 장애 요인이라 함은 바로 중국영화가 곡절 많은 현대 정치사와 떼려야 뗄 수 없는 지원과 간섭의 관계를 지속해 왔다는 사실이다. 20세기 중국의 역사는 그야말로 전쟁과 혁명, 운동의 역사라 해도 과언이 아닐 만큼 격동의 세월을 겪어 왔는데, 그 과정을 주도한 사회 영역은 두말할 나위 없이 '정치'였다. 영화 또한 그 과정에서 때로는 정치에 머리를 조아리고, 때로는 그 정치로부터 박해를 받으며 근근이 연명해 왔다. 그 대표적인 예가 바로 암흑의 10년이라고 불리는 문화혁명이었고, 1978년 문화혁명이 끝나고 개혁개방이 시작되면서 등장한 제4세대와 제5세대 감독들은 앞장서서 그러한 정치적 폐해를 영화로 만들어 보여주었다. 그리하여 1980년대와 1990년대, 대륙 중국의 많은 영화들이 일그러진 현대사의 왜곡된 욕망을 비추어 주었다. 그러나 당시 사회주의 중국에서 영화를 만든다는 일은 범법자가 된다는 말과 동의어로 여겨질 만큼, 영화제작에 관한 당·정 당국의 제도적이고 일상적인 검열과 간섭이 줄기차게 지속되었다. 다행스럽게도 장이머우나 천카이거와 같은 감독들의 특별한 노력으로 인해 세계적으로 중국영화가 인정받기 시작하면서 어느 정도 보상이 되기는 했지만, 1990년대 중·후반에 등장한 이른바 제6세대 감독들에 의하여 오늘날 중국의 모습이 카메라에 담기고 있는 요즈음에도 정치는 영화에 대한 왜곡된 짝사랑의 몸짓을 거두어들일 줄 모르고 있다. 예술의 가장 큰 원천적인 힘이 그 창조성에서 기인하는 것임은 누구도 부인할 수 없는 사실일 텐데, 그 창조적 사유와 표현에 대한 지속적인 '관심'은 "온갖 꽃이 만발하고 뭇 새가 노래하는[百花齊放 百家爭鳴]" 당국의 문화정책의 원칙을 무색케 하고 있다.

따라서 현재 대륙 중국의 감독들에게는 어떻게 당국의 입장과 타협 혹은 저항하면서 소기의 목적을 달성할 것인가가 여전히 가장 큰 과제일 수밖에 없다. 대만영화는 대만영화대로 새로운 출구에 대한 방향의 모색이라는 과제가 주어져 있고, 홍콩영화는 또 나름대로의 정치·사회적 환경에서 자신만의 고유한 정체성 찾기라는 과제를 떠안고 있다.

이러한 문제점들을 지혜롭게 해결해 갈 때, 앞서 말한 요인들이 중국영화의 앞날을 보랏빛으로 만들 수 있을 것인가 아니면 잿빛 구름을 드리우고 말 것인가를 결정해 줄 것이다.

주

1) 한국현대소설연구회, 『현대소설론』(평민사, 1994), pp.108-109.

2) 김영덕, 「황홀했던 추억과의 재회」(『씨네21』 제308호, 2001년 6월 29일).

3) 김지석·강인형, 『홍콩영화의 이해 : 향항전영(香港電影) 1997년』(한울, 1995), pp.112-113.

4) Wolfgang Gast, 『영화』(조길예 옮김, 문학과 지성사, 1999), p.29.

5) James Monaco, 『영화, 어떻게 읽을 것인가』(양윤모 옮김, 혜서원, 1993), p.26.

6) 앞의 책, p.307.

7) 김영진, 『영화가 욕망하는 것들』(책세상, 2001), pp.45-61, 152.

8) 김지석, 『아시아 영화를 다시 읽는다』(한울, 1996), p.5

9) René Prédal, 『세계영화 100년사』(김희균 옮김, 이론과 실천, 1999), pp.218-228 참조.

10) 김지석, 앞의 책, p.221.

11) 唐紹華, 『中共文藝統戰回顧』(文壇雜誌出版社, 1981) 참조.

12) 이상 문화혁명 당시의 문예정책에 관한 서술은 김종수·최건, 『중국 당대문학사』(청년사, 1991), pp.339-352 참조.

13) 楊遠嬰, 「百年六代·影像中國」(『當代電影』 第6期, 當代電影雜誌社, 2001), p.105.

14) 이상 제6세대에 관한 서술은 졸고, 「제6세대 : 중국 영화의 성찰과 도전」(『현대 중국의 연극과 영화』, 보고사, 2003)의 일부를 수정, 축약한 것임.

중국영화 이야기

초판발행 2004년 2월 10일 | 2쇄발행 2005년 8월 10일
지은이 임대근
펴낸이 심만수 | 펴낸곳 (주)살림출판사
주소 110-847 서울시 종로구 평창동 358-1
출판등록 1989년 11월 1일 제9-210호
전화번호 영업·(02)379-4925~6   기획·(02)396-4291~3
　　　　　편집·(02)394-3451~2
팩스 (02)379-4724
e-mail salleem@chollian.net
홈페이지 http://www.sallimbooks.com

ⓒ (주)살림출판사, 2004   ISBN 89-522-0192-2 04080
　　　　　　　　　　　　　ISBN 89-522-0096-9 04080 (세트)

값 9,800원